LES INTÉGRALES DE PHILO

ÉPICTÈTE

Manuel

Présentation et commentaires de
J.-J. Barrère
C. Roche

NATHAN

© Éditions Nathan, Paris 1990
ISBN 2-09-175857-4

Sommaire

PRÉSENTATION 5

1) La vie d'Épictète 5
2) Brève histoire du stoïcisme 11
3) La doctrine 17
4) Le texte du *Manuel* 30

Manuel 33

DOCUMENTS 65

1. La construction de la légende 65
2. Les fondateurs 70
3. Autour d'Épictète 74
4. Contre le stoïcisme 78
5. Le retour du stoïcisme 85
6. Le stoïcisme jugé par les grands philosophes 97
7. Les stoïciens d'aujourd'hui 116

GLOSSAIRE 119

BIBLIOGRAPHIE 123

Présentation

❏ 1. LA VIE D'ÉPICTÈTE

Comme cela arrive pour la plupart des philosophes de l'Antiquité, nous ne savons pas grand chose avec certitude concernant la vie d'Epictète[1].

C'est qu'aux événements exacts dont beaucoup tombent d'eux-mêmes assez vite dans un irréversible oubli (et dont on ne voit d'ailleurs pas pourquoi les contemporains auraient pris un tel soin à les bien noter) se substituent le plus souvent des témoignages tardifs[2] et apocryphes. S'y surajoutent peu à peu au fil des années, des détails inventés de toutes pièces, voire même des anecdotes édifiantes forgées tout exprès pour les besoins d'une cause passagère.

Mais comme la maigre information historique a toujours quelque chose d'un peu sec et de décevant, on prend plutôt l'habitude de faire circuler sous le titre trompeur de biographie, et en lieu et place de ce que l'on sait réellement de la vie du philosophe (c'est-à-dire presque rien[3]), des "notices" qui à force d'être mutuellement recopiées, finissent par forger pour le contentement des lecteurs pressés qui s'y retrouvent vaguement, une sorte de roman convenu[4]. En réalité la "biographie" d'Epictète n'échappe pas aux lois du genre.

D'une part, elle ne peut puiser dans des faits parfaitement établis une fois pour toutes, qu'elle s'autoriserait à arranger par la suite avec plus ou

---

1. C'est le départ même de la notice abrégée consacrée à la vie d'Epictète par A. Jagu dans l'édition en un volume de la traduction seule des *Entretiens* et du *Manuel*, parue en 1950 aux Belles-Lettres.
2. On a l'habitude de dire que les informations sur Epictète proviennent principalement de trois sources : le latin Aulu-Gelle, qui a rédigé ses *Nuits Attiques* alors qu'il se trouvait à Athènes entre 160 et 164 (Epictète était déjà mort depuis une trentaine d'années) ; le philosophe grec néo-platonicien Simplicius (*Commentarius in Epicteti Enchiridion*) qui a vécu aux Vème/VIème siècle ; le grammairien grec Suidas (*Lexique*) qui a vécu au Xème siècle.
3. Et pourtant c'est ce que reconnaissent volontiers les philologues : "Nos informations sur la vie d'Epictète sont des plus succinctes". Joseph Souilhé dans son introduction (p. I) à Epictète, *Entretiens* (texte grec et traduction française) 4 vol. Paris, Société d'édition "Les Belles Lettres" 1943.
4. Ainsi l'article "Epictète" dans le *Larousse* en 2 volumes (Edition de 1922) : "Indifférent aux prétendus biens qui ne dépendaient pas de lui il vivait dans un hangar, sans autre meuble qu'une table et une paillasse."

moins de bonheur selon une structure obligée : la naissance, la famille, les années d'apprentissage, l'enseignement, etc... Elle est de toute manière reconstruction et cela même le plus souvent par conjecture que par certitude.

On le voit bien avec la question de la date de sa naissance et de la date de sa mort.

Comme à cette époque il n'y a pas de registre de déclaration des naissances ou des décès, on choisit par tâtonnement une date de décès qui soit compatible avec une durée de vie établie à partir d'une date de naissance elle-même hypothétique... Ainsi le grammairien Suidas affirme (presque huit cents ans plus tard !) que l'existence d'Epictète se prolonge jusqu'à l'avènement de Marc-Aurèle (161). Cela a l'avantage de suggérer (sans doute à des fins symboliques) une continuité de fait entre l'esclave-philosophe (Epictète) et l'empereur-philosophe (Marc-Aurèle). Mais retenir une telle hypothèse remettrait du même coup en question la date (autour de l'année cinquante) généralement retenue comme date supposée de la naissance. Comme on ne peut guère penser qu'Epictète ait vécu beaucoup plus que quatre-vingts ans, cela le ferait naître vers 80 ap. J.-C.

On sait par contre, avec certitude, que Flavius Arrien — le disciple et l'éditeur d'Epictète — a suivi ses leçons à Nicopolis (dans la province grecque de l'Epire) et l'on suppose qu'il n'a pu le faire que quelques années avant d'être nommé Consul (vers 130), à une époque où Epictète se donnait déjà lui-même comme un vieillard. D'où, malgré l'indication de Suidas, la plage communément admise : 125-130 comme époque de la mort. Et par contrecoup (toujours pour faire vivre Epictète raisonnablement entre soixante-quinze et quatre-vingt ans) la date de 50 de notre ère (environ) comme moment de la naissance. D'où la rédaction relativement prudente, la seule permise : Epictète est né, sans doute autour des années 50 de notre ère, à Hiérapolis[5] (Phrygie méridionale) ; il est mort à Nicopolis (Epire) entre 125-130.

Incertitude aussi en ce qui concerne le nom d'Epictète.

"Epictète" ne serait pas en tant que tel un nom de famille, mais seulement un adjectif signifiant esclave[6]. Ce qui répète sur le plan de l'appellation ce que l'on sait déjà de son état initial.

Mais on dit également que *epiktetos* (au sens de "acquis", "tiré du dehors") désignerait une certaine partie de la Phrygie pour distinguer une région plus récente ajoutée à un pays plus ancien[7]. Et que du même coup

---

5. Aujourd'hui Tambouk-Kalessi dans la région occidentale de la Turquie.
6. C. Martha, *Les Moralistes sous l'empire romain*, p. 196, Paris, Hachette 1865, qui reprend la thèse déjà formulée dans l'édition française (1790) du *Manuel d'Epictète* avec les commentaires de Simplicius. "La bassesse de son origine nous a dérobé la connaissance de ses parents. Epictète n'est pas le nom propre de ce philosophe, c'est le nom de son état, Epictète (*Epictetos*) signifie un esclave, un serviteur, car il naquit dans l'esclavage et il fut ensuite esclave d'Epaphrodite" p. 11.
7. Th. Colardeau, *Etude sur Epictète*, p. 6 note 5 Paris, Fontemoing 1903.

notre esclave-philosophe, venant justement de cette région (comprenant Hiérapolis, où il est né) se serait vu attribuer ce nom (*epiktetos*) puisque dans l'antiquité les esclaves recevaient souvent le nom de leur pays d'origine.

Conjecture pour ce qui concerne son affranchissement.

Epictète est né esclave. On le déclare même parfois "fils d'esclave", ceci d'après une inscription grecque trouvée en Pisidie (au sud de la Phrygie) mais dont la traduction est reconnue ambivalente. On ne peut par ailleurs rien dire sur son père ni sur sa famille.

De bonne heure sans doute (mais à quelle date ?) Epictète est emmené à Rome[8]. On le trouve alors au service d'Epaphrodite, un affranchi de l'empereur Néron, devenu, selon le témoignage de l'historien Suétone, un important personnage de la cour[9]. Epictète est affranchi à son tour, mais on ignore tout de la date de l'affranchissement : peut-être en 68 (date de la mort de Néron qui selon la légende s'empoisonne de la main même d'Epaphrodite) mais Epictète n'aurait alors eu que dix-huit ans ; peut-être en 81 (date de l'accession au pouvoir de Domitien, qui succède à Titus, et qui, dit-on, condamne à mort Epaphrodite pour avoir aidé Néron à s'empoisonner...)[10].

Epictète serait alors âgé d'une trentaine d'années. Une date un peu antérieure à 81 est d'autant plus tentante qu'elle correspond aussi à la mort de Musonius Rufus — le philosophe romain qui a enseigné[11] le stoïcisme à Epictète[12]. Mais en réalité tout ceci n'est que vraisemblable. Aussi pour tenir compte de ces incertitudes la rédaction de la notice biographique est contrainte de composer avec le flou historique : "on croit que Musonius est mort avant le règne de Domitien, donc avant 81. Son disciple était devenu maître à son tour et il (Epictète) commença à prêcher à Rome le stoïcisme[13]. D'autre part, toute biographie (même rédigée de bonne foi) se veut

---

8. "On ne sait ni par quel accident Epictète fut mené à Rome, ni comment il fut vendu ou donné à Epaphrodite : on sait seulement qu'il fut son esclave, qu'il passa sa vie dans la pauvreté, et que jamais il ne murmura ni ne se plaignit de sa misère ; toujours occupé du soin de témoigner aux Dieux son obéissance et sa soumission". "Vie d'Epictète" placée en avant-propos de la traduction française (1790) du *Manuel* d'Epictète avec les commentaires de Simplicius.
9. D'après Suétone, Epaphrodite était devenu maître des requêtes. Suidas en fait un des gardes du corps de Néron.
10. C'est la version retenue par Jean Brun, *Les Stoïciens* (textes choisis) Paris, P.U.F 1957, dans la notice consacrée à Epictète : "Rendu à la liberté, probablement à la mort de son maître, Epictète continua de vivre à Rome où il habita une masure toujours ouverte, meublée d'une table et d'une paillasse".
11. Epictète témoigne dans les *Entretiens*, à plusieurs reprises de sa position d'élève de Musonius Rufus (notamment *Entretiens* I 7, 32). "Ce n'est tout de même pas, lui disais-je, comme si j'avais brûlé le Capitole". On sait que le Capitole a brûlé en 69 (et en 80). On peut ainsi supposer qu'après 69, Epictète est encore le disciple de Musonius Rufus.
12. Et qui a peut-être donné cet enseignement en grec, la langue maternelle d'Epictète (Cf. M. Croiset, *Histoire de la littérature grecque* p. 419 note n° 3) le grec étant, à Rome, la langue des lettrés.
13. Joseph Souilhé dans son introduction (p. VII) à Epictète *Entretiens* (texte grec et traduction française) 4 vol. Paris, Société d'édition "Les Belles Lettres" 1943.

"intéressante", c'est-à-dire significative. Elle a donc tendance à retenir ensemble certains traits plutôt que d'autres de manière à provoquer chez le lecteur un effet structurant. Le lecteur non prévenu, le plus souvent joué par le biographe, aura spontanément tendance à rapporter cet effet structurant à la réalité elle-même alors qu'il n'est somme toute que le fruit d'une composition délibérée.

Ainsi rapproche-t-on la situation d'esclave (et qui plus est d'esclave mutilé) de celle de philosophe[14] auprès de qui les empereurs eux-mêmes viennent s'instruire. C'est l'épisode de la visite de l'empereur Hadrien se rendant — entre 117 et 138 — auprès d'Epictète[15] : "Ce fut peut-être à Nicopolis qu'il reçut un jour la visite de l'empereur Hadrien qui (...) le tenait en très grande estime"[16]. C'est l'influence d'Epictète sur la formation intellectuelle de l'empereur Marc-Aurèle, évoquée par Marc-Aurèle lui-même : "Avoir connu les *Commentaires* d'Epictète (que Rusticus) me communiqua de chez lui" (Marc-Aurèle, *Pensées I*, 7).

A la solitude première de l'esclave, dont le corps est le jouet supposé de la toute-puissance perverse du mauvais maître, s'oppose, plus tard, dans la dignité spirituelle enfin reconnue, l'empressement respectueux des bons disciples : "On venait à lui, de la région et d'ailleurs, pour le consulter ou lui poser des cas de conscience. Des disciples cherchaient même à ses côtés durant plusieurs années une formation plus profonde qui leur permît de revendiquer à leur tour le titre de "philosophe"[17].

C'est ainsi que se constitue également la figure du véritable enseignement philosophique, qui se transmet sans fin : être d'abord l'élève subjugué d'un maître perspicace (Epictète est tout d'abord à Rome à l'école du philosophe stoïcien Musonius Rufus dont il ne manque pas de faire l'éloge : "il parlait de telle sorte que chacun de nous qui était assis auprès de lui, s'imaginait qu'on avait dévoilé ses fautes, tant il touchait du doigt notre état actuel, tant il mettait sous les yeux de chacun ses misères") puis une fois devenu maître à son tour avoir autour de soi des disciples que l'on marque à jamais de son empreinte (c'est le cas d'Arrien qui rédige tout ce qu'il entend

---

14. L'image de l'esclave-philosophe est familière aux lettrés des IIème/IIIème siècle. Ainsi Aulu-Gelle dans *Nuits Attiques* (Livre II, tout le chapitre XVIII) après avoir rapporté l'exemple de Phédon, écrit : "D'autres aussi, en grand nombre, furent esclaves qui ensuite se révélèrent philosophes de renom". Parmi eux Ménippe, Pompylus (esclave de Théophraste), Persaeus (esclave du stoïcien Zenon), Mys (esclave d'Epicure), Diogène le Cynique, et bien sûr Epictète.
15. Dans l'article "Epictète" du *Dictionnaire universel d'histoire et de géographie* de M.N. Bouillet, Paris, Hachette 1908 (33ème édition) l'auteur fait revenir Epictète à Rome : "Exilé de Rome lorsque Domitien chassa tous les philosophes, vers l'an 90 de J.-C., il se retira à Nicopolis en Epire, où il ouvrit une école. Il put dans la suite revenir à Rome et s'y concilia l'estime d'Hadrien et de Marc-Aurèle".
16. Des textes de Philostrate et de Lucien (cités par H. Schenkl, *Epicteti Dissertationes*, Leipzig Coll. Teubner 1916 (2ème éd.) ont été allégués pour supposer un voyage d'Epictète à Athènes, où il aurait rencontré Hadrien.
17. Joseph Souilhé dans son Introduction (p. VIII) à Epictète *Entretiens* (texte grec et traduction française) 4 vol. Paris, Société d'édition "Les Belles Lettres" 1943.

dire à Epictète et qui, à son tour, en fait l'éloge : "Il n'avait d'autre ambition que d'entraîner ses auditeurs vers le Bien (...). Quand il parlait son auditeur ne pouvait s'empêcher d'éprouver ce que cet homme voulait lui faire éprouver"[18].

Ce n'est donc pas tant "l'école" comme institution (ici l'école stoïcienne née quelques trois cents ans plus tôt) avec ses méthodes, ses exercices et ses contenus doctrinaux articulés les uns aux autres (la physique, la logique, la morale) qui fait véritablement la philosophie, mais plutôt la ronde mystérieuse des personnalités hors du commun s'éprouvant dans le lien quasi féodal maître et disciple (d'où, chez Epictète, la référence fréquente faite au départ de la lignée, à Socrate[19], le maître des maîtres...).

Enfin la vérité biographique, si jamais elle est constituée, ne se présente pas comme inaltérable. Les textes des notices biographiques semblent au contraire d'autant plus malléables qu'ils forgent le profil de personnages lointains (et presque légendaires) appartenant à une toute autre culture. Ils ne manquent pas d'être sollicités, remaniés, complétés à des fins idéologiques par des compilateurs zélés. Les anecdotes édifiantes sont construites, puis leur origine partisane effacée autant que faire se peut. Enfin, elles circulent avec toute l'autorité que confère la chose écrite avec vraisemblance et deviennent partie intégrante de la tradition. On sait qu'Epictète est d'abord esclave. Puisqu'à Rome il est, en tant que tel, au service d'Epaphrodite, un affranchi de Néron. On croit savoir aussi qu'Epictète boitait. Mais, et c'est là que joue à plein l'image convenue, un affranchi (c'est-à-dire un ancien esclave) et qui plus est, de Néron, ne saurait être — surtout à l'égard d'un autre esclave — que cruel (comme l'était d'ailleurs son maître...). D'où l'apparente vraisemblance de l'anecdote maintes fois rapportée et qui finit par "expliquer" la boiterie : "Comme son maître lui tordait la jambe, lui (Epictète), souriant disait avec émotion : "Tu vas la casser" ; et quand la jambe fut cassée, il ajouta : "Ne te disais-je pas que tu allais la casser ?".

C'est le philosophe romain néo-platonicien, Celse, qui (vers 180) dans son *Discours véritable* — pamphlet dirigé contre les chrétiens — rédige le premier cette anecdote[20] mais qui se complète, de manière toute incisive par cette phrase, que l'on néglige communément de citer "Qu'est-ce que votre Dieu a dit de pareil dans son supplice". C'est justement cette phrase, et seulement elle, qui donne son sens polémique à l'épisode vraisemblablement inventé pour les besoins de la cause païenne.

---

18. Cf. La lettre d'Arrien à Lucius Gellius présentant le texte des *Entretiens*.
19. Cette référence à Socrate est fréquente dans les *Entretiens* ; on la trouve aussi dans le *Manuel* : V, XXXII ; XLVI ; et LI ; "Pour toi, bien que tu ne sois pas encore Socrate, tu dois pourtant vivre comme quelqu'un qui veut le devenir".
20. *Le Discours véritable* de Celse (vers 180) est aujourd'hui perdu. Il ne nous est connu que par les fragments que cite Origène dans sa réfutation entreprise sous le titre *Contre Celse* (vers 248). L'anecdote du supplice est donc une citation du texte de Celse faite par Origène.

Et le chrétien Origène, presque soixante-dix ans plus tard, dans sa réfutation *Contre Celse* (composée vers 248) ne reprend l'anecdote qu'il vient de citer que pour la décharger de sa signification anti-chrétienne : "Il (Celse) nous renvoie aussi à Epictète dont il admire la noble parole. Mais ce qu'il a dit quand on lui cassait la jambe n'a rien de comparable aux œuvres miraculeuses de Jésus auxquelles Celse refuse de croire".

Le véritable enjeu n'est donc pas la boiterie toute matérielle du philosophe[21] (encore moins une quelconque boiterie symbolique[22], mais au contraire que le stoïcisme — et la tradition stoïcienne — servent de pièce de guerre contre le tout jeune christianisme. Quant à la boiterie, pour revenir à elle, elle s'expliquerait tout bonnement — si pour une fois on fait confiance à Suidas — par... des rhumatismes.

Tout ceci ne donne que plus de charme à la savante notule biographique concernant Epictète, que l'helléniste Maurice Lacroix place en tête de son *Dictionnaire Grec-Français*[23] et qui, se caractérisant tout à la fois par sa justesse et sa brièveté, nous confirme avec humour que nous savons fort peu de choses : "Epictète, philosophe stoïcien, fin du 1er siècle, début du 2ème siècle après J.-C. n'a rien écrit, est cité par des auteurs".

---

21. Epictète lui-même fait allusion à cette boiterie : "Que peut faire un vieux boiteux comme moi sinon chanter Dieu" ? Si j'étais rossignol je ferais ce que font les rossignols, et, si j'étais cygne, ce que font les cygnes ; mais je suis doué de raison : je dois chanter Dieu". *Entretiens*, XVI.
22. Ce thème de la boiterie s'appliquerait aussi bien à la philosophie elle-même. Cf. Maurice Merleau-Ponty, *Eloge de la philosophie* : "Car il est inutile de contester que la philosophie boite. Elle habite l'histoire et la vie, mais elle voudrait s'installer en leur centre, au point où elles sont avènement, sens naissant (...) la claudication du philosophe est sa vertu".
23. Victor Magnien, Maurice Lacroix, *Dictionnaire Grec-Français* Paris, Belin 1969 p. XI.

PRÉSENTATION

❑ 2. BRÈVE HISTOIRE DU STOÏCISME

L'école philosophique stoïcienne tire son nom du mot grec *stoa*, qui signifie portique (terme d'architecture désignant une galerie couverte soutenue par des colonnes). Ceci parce que les premiers disciples de Zénon de Cittium (322-264 av. J.-C.), le fondateur de la secte, se réunissaient avec lui, loin de la foule, dans ce lieu public mais tranquille, sur le côté nord de l'agora d'Athènes[1].

D'où le nom parfois donné au stoïcisme de "philosophie du Portique", ou même du *Portique Poecile*, parce que les boiseries de ce portique étaient en effet recouvertes de "peintures variées" (en grec : *poïkilê*) dûes jadis au peintre Polygnote[2] et exécutées pour purifier ce lieu où, en 404 av. J.-C., sous la tyrannie des Trente, après le renversement de la démocratie, plus de mille-quatre-cents habitants d'Athènes avaient été massacrés.

Le terme de *Zénonien* (forgé sur Zénon, tout comme Platonicien est forgé sur Platon) et qui était notamment employé par Epicure et ses disciples[3] pour désigner leurs adversaires philosophiques, n'est guère repris de nos jours.

C'est vers la fin du XIXème siècle[4] que les historiens de la philosophie ont pris l'habitude de subdiviser chronologiquement la longue histoire du stoïcisme[5] (300 av. J.-C. à 260 ap. J.-C.) en trois grandes périodes[6] :

---

1. C'est au nord de la place de l'Agora d'Athènes, que l'homme d'état athénien Cimon avait fait construire le Portique de Peisianactos. Il est aujourd'hui entièrement disparu et l'on ne peut qu'en indiquer un emplacement présumé.
2. Le terme *Stoa Pœcile* signifie portique bigarré, par extension portique aux peintures. Les peintres Polygnote et Micon l'avaient décoré.
3. Stoïcisme et Epicurisme sont des systèmes philosophiques nés à la même époque. Mais ils s'opposent dès le départ. Le portique stoïcien ne présente pas la douce tranquillité du *Jardin* d'Epicure. "Il ne se referme pas, telle une maison de retraite sur lui-même, il n'est pas le havre où l'on s'abrite contre les tempêtes de la vie" (Victor Goldschmidt). Bien au contraire "Zénon s'oppose à Epicure par ses méthodes mêmes d'enseignement : il s'adresse à tous par la propagande, par des harangues publiques tenues sous la *Stoa poikilê* (Joseph Moreau, "Le message stoïcien" *Filosofia*, Lisbonne 1957).
4. Cf. l'historien allemand de la philosophie, A. Schmekel, *Die Philosophie der mittleren Stoa in ihrem geschichtlichen Zusammenhange*, Berlin 1892. Un tel découpage sera repris (et imposé) par Emile Bréhier dans son *Histoire de la philosophie* (1ère édition 1926-1927).
Il va de soi qu'un tel découpage n'était pas d'usage dans l'Antiquité.
5. Cf. Emile Bréhier "Introduction à l'étude du stoïcisme" : "Zénon de Cittium, le fondateur du Stoïcisme commença à enseigner à Athènes en 321, un an après la mort d'Aristote, et deux ans après la mort d'Alexandre. Vers 263 ap. J.-C., Porphyre, dans la *Vie de Plotin* (paragraphe 17), nous signale encore l'existence de philosophes stoïciens. C'est donc dans un espace de près de six siècles que s'étendit le stoïcisme" (*Les Stoïciens*, La Pléiade 1962 p. LVII).
6. C'est la division adoptée par Emile Bréhier *Histoire de la Philosophie*, Paris, P.U.F 1926-1927 reprise dans les éditions successives, et dans la nouvelle édition de 1981. Mais dans la "Préface" de Pierre-Maxime Schuhl à l'édition *Les Stoïciens* de la Pléiade, cette façon de découper l'histoire du stoïcisme n'est pas reprise.

— l'Ancien Stoïcisme né en Grèce au IIIème siècle av. J.-C. et qui se prolonge jusqu'à la fin du IIème siècle av. J.-C.[7]
— le Moyen Stoïcisme durant tout le 1er siècle av. J.-C., qui se latinise et qu'on caractérise souvent par un certain éclectisme.
— le Stoïcisme à l'époque impériale au 1er siècle ap. J.-C. ; essentiellement romain et qu'on a l'habitude de décrire comme délaissant la physique et la logique pour se consacrer presque exclusivement à la morale[8].

a. L'Ancien Stoïcisme

L'Ancien Stoïcisme[9] est contemporain des bouleversements qui suivirent la mort prématurée d'Alexandre, roi de Macédoine (323 av. J.-C.), disparition qui marque le début de la période qui dans l'histoire de la Grèce antique s'appelle l'âge hellénistique et qui voit finalement triompher l'hégémonie macédonienne. Epoque de succession troublée par les guerres incessantes. Mais Athènes malgré les sièges, les défaites successives, puis l'écrasement militaire (322 av. J.-C.) et la perte de ses colonies, reste cependant un foyer d'intense rayonnement intellectuel.

Certes, Aristote à la mort d'Alexandre (il avait été son précepteur) a dû fuir la cité, mais l'enseignement multiple de diverses philosophies contradictoires n'en demeure pas moins florissant. L'école d'Aristote elle-même, *Le Lycée*, poursuit son existence avec Théophraste (328-282 av. J.-C.) ; la pensée platonicienne continue de se perpétuer au sein de la *Nouvelle Académie* avec Arcésilas (316-241 av. J.-C.) puis Carnéade (219-129 av. J.-C.) ; les "petits socratiques" (Mégariques comme Stilpon, Cyniques comme Cratès) sont nombreux. Enfin la doctrine d'Epicure (opposée nettement à celle des stoïciens) voit le jour à peu près à la même époque (vers 306 av. J.-C.) à Athènes.

---

7. Mais cette distinction en trois périodes est cependant controversée dès son apparition. Cf. Georges Rodier *Etudes de Philosophie grecque* Paris, Vrin 1926 pp. 220 sq. "Il est même à la mode, aujourd'hui, de distinguer trois périodes dans l'histoire du stoïcisme : stoïcisme ancien, stoïcisme moyen, stoïcisme récent (...). Mais l'évolution dont on trace ainsi les étapes n'atteint pas l'essence même du stoïcisme. Celui-ci a été, avant tout, une morale, une règle de vie et de vie intérieure."
8. Mais cette vision pourtant très répandue, et comme allant de soi, est cependant contestable.
Cf : Jean-Joël Duhot *La Conception stoïcienne de la causalité* Paris, Vrin 1989 p. 39 : "Dans le cas du Stoïcisme impérial la minceur des témoignages risque aussi de provoquer des erreurs de perspective. L'importance de Sénèque, Epictète et Marc-Aurèle fait penser que l'Ecole néglige quelque peu la physique pour se tourner essentiellement vers la morale. C'est oublier que Sénèque est l'héritier de la météorologie posidonienne avec ses *Questions Naturelles* (...). La physique stoïcienne, dans toute son orthodoxie chrysippeo-posidonienne, a sûrement vécu aussi longtemps que l'Ecole."
9. Cf. Victor Goldschmidt *Histoire de la philosophie* Paris, Gallimard (Bibliothèque de la Pléiade), Tome 1 1969 p. 724 : "L'ancien stoïcisme s'élabore au cours de l'époque hellénistique, comprise entre la mort d'Alexandre et la conquête romaine (...). C'est l'époque où l'autonomie des Etats-Cités s'efface devant les empires massifs des successeurs d'Alexandre, jusqu'à ce que, en 146, la Grèce toute entière soit réduite en province romaine, sous le nom d'Achaïe. Privé de son cadre politique naturel, l'individu se découvre dans sa solitude". Au cosmopolitisme politique répond l'idée de l'univers entier comme nouveau cadre du bonheur.

Mais si Athènes reste encore le centre de la philosophie, on peut cependant remarquer qu'avec l'Ancien Stoïcisme c'est toute une nouvelle génération de philosophes qui (au IIIème siècle av. J.-C.) apparaissent sur la scène grecque et qui tous, au lieu d'être originaires de la Grèce continentale (Platon est né à Athènes, Aristote en Chalcidie) viennent des marches lointaines de l'empire[10] : Zénon et son disciple Persée sont nés à Cittium, dans l'île de Chypre ; Herillus, contemporain et "disciple infidèle" de Zénon, est né à Carthage (au N.O. de la Tunisie) ; Sphaerus vient du lointain Bosphore (entre la mer Noire et la mer de Marmara). De même Chrysippe et ses disciples (Zénon de Tarse, Antipater, Archemède) sont nés en Cilicie en Asie Mineure (l'actuelle Adana en Turquie). Enfin Cléanthe est né dans la colonie grecque d'Assos sur la côte ouest de la Turquie.

Le centre de l'Ancien Stoïcisme est donc Athènes au IIIème siècle av. J.-C. Son fondateur est Zénon (322-264 av. J.-C.) appelé Zénon de Cittium[11] (du nom latinisé de *kition*, place forte grecque de l'île de Chypre établie par des colons phéniciens, ville où il est né. On l'appelle ainsi pour le distinguer de l'autre Zénon, né au Vème siècle av. J.-C., dans le sud de l'Italie à Elée, et à qui l'on attribue le paradoxe d'Achille et de la tortue).

Après avoir été plusieurs années le disciple du philosophe cynique Cratès, l'auditeur de Stilpon le Mégarique et du platonicien Xénocrate, Zénon fonde la nouvelle école vers 300 av. J.-C., attirant autour de lui sous le *Portique Poecile*[12] et selon la tradition rapportée par Diogène Laërce, des amis "à moitié nus et dépenaillés" qui écoutent ses leçons, que, contrairement à la tradition des sophistes, il ne fait pas payer[13].

Lui succède à sa mort, en 264 av. J.-C., comme scholarque (c'est-à-dire comme directeur de l'école) Cléanthe (vers 322-232 av. J.-C.) né à Assos, ville de Troade en Asie Mineure. C'est un ancien athlète à la vigueur légendaire qui fut pendant presque vingt ans l'élève de Zénon. Il donne au stoïcisme sa dimension cosmique et naturaliste. De son œuvre ne subsistent guère que des fragments et une quarantaine de vers de l'*Hymne à Zeus*.

---

10. Cf. Emile Bréhier *Histoire de la philosophie*, I. Antiquité et Moyen-Age, Paris, P.U.F, nouvelle édition 1981, p. 255 : "Mais, parmi les nouveaux philosophes, aucun n'est Athénien, ni même un Grec continental ; tous les Stoïciens connus de nous, au IIIème siècle, sont des métèques venus de pays qui sont en bordure de l'hellénisme (...) subissant bien d'autres influences que les influences helléniques, et, particulièrement celles des peuples tout voisin de race sémite".
11. Sur Zénon de Cittium Cf. Armand Jagu *Zénon de Cittium* (son rôle dans l'établissement de la morale stoïcienne) Paris, Vrin 1946.
12. Mais, comme le note Albert Rivaud dans son *Histoire de la philosophie* Paris, P.U.F 1950, Tome 1, p. 362 : "C'est seulement après Zénon que l'école a disposé dans le voisinage de locaux particuliers où elle a pu aménager salle de conférences, bibliothèque, collections et laboratoires.
13. Cf. Georges Rodier "Les Stoïciens" : "Ce personnage de haute taille, maigre et sec au point qu'on l'appelait le sarment d'Egypte, dont la tête légèrement inflèchie sur l'épaule, semblait appesantie par la méditation, avec son teint basané, son front sillonné de rides, son air mélancolique (...) qui méprisait la beauté physique et fuyait les auditoires nombreux, était pourtant entouré, presque malgré lui, d'une foule de disciples".

Chrysippe (277-210 av. J.-C.) originaire lui aussi d'Asie Mineure (il est né en Cilicie dans la ville de Soloi, latinisé en *Soles*) a souvent été appelé le second fondateur du stoïcisme[14] ("Sans Chrysippe pas de Portique") parce qu'il rétablit et confirme l'unité de l'école contre les dissidences de certains disciples à la mort de Zénon ; et parce qu'il fait face, avec un talent particulier de dialecticien, aux attaques des autres écoles philosophiques (le "probabilisme" de la Nouvelle Académie, la lignée post-socratique de l'école de Mégare).

D'emblée, les premiers philosophes stoïciens — plus favorables aux visées hégémoniques des rois de Macédoine qu'à la volonté des cités de garder leur indépendance — influencent le pouvoir. Les rois viennent à l'occasion écouter leurs leçons (comme le fait le roi de Macédoine Antigone Gonatas auprès de Zénon et de Cléanthe, lorsqu'il se rend à Athènes), leur fournissent de l'argent, appellent leurs disciples à leur cour : ainsi Philonide de Thèbes et Persée (disciples de Zénon) se rendent auprès d'Antigone Gonatas, tandis que Sphaerus (disciple de Cléanthe) devient à Sparte le maître et le conseiller du roi Cléomène puis se rend à Alexandrie auprès de Ptolémée Evergète.

b. Le Moyen Stoïcisme

Le Moyen Stoïcisme prolonge tout d'abord l'Ancien Stoïcisme grâce à une série de philosophes qui se succèdent à Athènes comme scholarques : Zénon de Tarse ; Diogène de Babylone (ou de Sélencie) — à distinguer du philosophe Cynique Diogène de Sinope — envoyé alors qu'il était déjà très âgé comme ambassadeur des Athéniens à Rome en 156-155 av. J.-C. pour obtenir l'exemption d'une rançon (avec l'Académicien Carnéade et l'aristotelicien Critolaüs ; ils profitèrent de leur séjour pour faire des conférences) ; Antipater de Tarse (qui se suicida en 136 av. J.-C.).

Mais le centre de la philosophie stoïcienne se déplace vers Rome[15] (après un premier temps s'être diffusée en Orient jusqu'à Babylone et en Egypte jusqu'à Alexandrie) d'autant que le monde latin s'hellénise et que le grec devient à Rome la langue des personnes cultivées.

Les représentants de cette période (IIème et Ier siècle av. J.-C.) aux noms latinisés sont Panétius[16] (185-112 av. J.-C.) né à Rhodes, qui apprend la philosophie à Athènes auprès d'Antipater, devient vers 145 av. J.-C. un familier de l'intelligentsia romaine (notamment de Scipion Emilien et des

---

14. Sur Chrysippe, cf. Emile Bréhier *Chrysippe*, Paris, Félix Alcan 1910. Nouvelle édition revue, sous le titre *Chrysippe et l'Ancien Stoïcisme* Paris, P.U.F 1951. Voir également en anglais Josiah B. Gould, *The Philosophy of Chrysippus* Leide, E.J. Brill 1971.
15. Cf. Jean-Joël Duhot, *La Conception stoïcienne de la causalité*, Paris, Vrin 1989 : "Le 'Moyen Portique' est parfois considéré comme une époque d'affaiblissement doctrinal (...) c'est ici encore une erreur de perspective. (Mais) malgré sa clôture de système dogmatique, le Stoïcisme a toujours été relativement ouvert, contrairement à l'Epicurisme" (p. 38).
16. B. Tatakis, *Panetius de Rhodes*, Paris, Vrin 1931.

habitués de son cercle) puis de retour à Athènes (129 av. J.-C.) y dirige l'école stoïcienne ; et Posidonius (135-51 av. J.-C.) né à Apamée en Syrie. Cet élève de Panétius, après avoir voyagé sur tout le pourtour du bassin méditerranéen de l'Egypte en Espagne, fonde une école à Rhodes, sa ville natale, vers 104 av. J.-C. Il a enseigné lui aussi un temps à Rome, et a eu Cicéron pour élève qui est venu l'écouter à Rhodes vers 78 av. J.-C.

c. Le Stoïcisme de l'époque impériale

Depuis longtemps Rome a supplanté Athènes, mais déjà commence la lente décomposition de l'Empire romain : délations, révolutions de palais et assassinats ponctuent la succession des empereurs. Ses principaux représentants sont :

Sénèque[17] (4 av. J.-C.-65) né à Cordoue, qui fait ses études à Rome sous la double direction d'un maître pythagoricien et d'un maître stoïcien (Attale). Avocat et homme de lettres, il rédige de nombreux traités (*De la brièveté de la vie, De la Clémence*, etc...) ainsi que des *Lettres à Lucilius* où il pratique la direction de conscience chère aux stoïciens. Il met son talent au service de l'impératrice Agrippine, devient le précepteur et le ministre de son fils Néron. Mais c'est sur l'ordre de ce dernier qu'il s'ouvre les veines en 65.

Epictète (50-130 ap. J.-C.) né en Phrygie, suit à Rome l'enseignement d'un maître stoïcien (Musonius Rufus)[18] puis ouvre une école à Nicopolis dans la province grecque de l'Epire où son enseignement est recueilli par Arrien sous la forme d'*Entretiens* et d'un *Manuel*.

Marc-Aurèle (121-180), instruit de bonne heure à la philosophie, devient un disciple du stoïcisme dès l'âge de douze ans. Devenu empereur en 161, il tient un journal "destiné à lui-même" (*Pensées*) rédigé par intermittence dans les dernières parties de sa vie, tout entier inspiré par la morale stoïcienne.

Ainsi la philosophie stoïcienne commencée avec l'enseignement de Zénon à Athènes en 294 av. J.-C. se prolonge pour le moins en tant que telle jusqu'en 180 ap. J.-C., avec la mort de Marc-Aurèle qui succombe à la peste près de Vienne, sur les bords du Danube, au cours d'une expédition militaire contre les barbares germaniques. Elle existe donc, en tant que doctrine constituée avec ses locaux, ses bibliothèques, ses chefs d'école, ses ouvrages, ses nombreux philosophes, ses disciples et ses élèves sur près de cinq siècles, en Grèce d'abord, puis de l'orient à l'occident dans l'ensemble de l'Empire romain. Il va de soi cependant que cette vision globale du monde (avec ses trois parties constitutives *Physique, Logique, Morale*) subit dès

---

17. Cf. Pierre Grimal *Sénèque* (sa vie, son œuvre, avec un exposé de sa philosophie) Paris, P.U.F (Coll. Sup.) 1948 (3ème édition revue 1966). Avec des extraits de texte et une bibliographie détaillée.
18. Vingt et un "entretiens" de Musonius ont été traduits en français par A.J. Festugière sous le titre : *Deux prédicateurs de l'antiquité : Télès et Musonius*, Paris, Vrin 1978.

l'origine des influences diverses : celle, déjà très lointaine, d'Héraclite d'Ephèse avec l'idée du feu comme principe suprême ; celle plus proche de Socrate (mort en 399 av. J.-C.) qui apparaît comme le sage par excellence ; celle tout à fait immédiate des cyniques par l'intermédiaire de l'enseignement de Cratès ; celle diffuse du pyrrhonisme ambiant. Plus tard, avec le moyen stoïcisme l'influence des disciples d'Aristote, et de la Nouvelle Académie se fait sentir, à tel point qu'on peut parler d'une contamination du stoïcisme par l'aristotélisme et le platonisme (alors que Zénon pour sa part refusait totalement les implications doctrinales d'Aristote ou de Platon). Tant et si bien que ce n'est somme toute que par une commodité de langage que l'on rassemble, sous le singulier *le* stoïcisme, la diversité plurielle *des* stoïcismes successifs[19] qui ne manquent pas de développer parfois entre eux des thèmes parfaitement contradictoires et en opposition avec les positions d'origine.

---

19. Cf. Emile Bréhier dans son introduction à *Chrysippe* (1910) "Il y a un épicurisme dont les théories, devenues traditionnelles, présentent des contours arrêtés ; le stoïcisme, au contraire, comme doctrine, ne désigne que des directions générales de pensées, qui pouvaient s'accommoder (...) de fort grandes diversités dans le détail". Et plus tard (1962) dans "Introduction au Stoïcisme" (*Les Stoïciens,* Pléiade 1962) "Il n'y a jamais eu d'orthodoxie stoïcienne. Il n'y a pas *un* Stoïcisme, mais *des* Stoïciens".

❑ 3. LA DOCTRINE

a. On ne peut pas philosopher en passant

C'est sans doute la réputation prestigieuse d'Epictète, installé en Grèce à Nicopolis, qui amène sans cesse auprès de lui de Grèce et d'Italie, des auditeurs en nombre.

Certains sont seulement de passage comme ce rhéteur qui, en plein hiver allait à Rome pour un procès à propos d'une dignité qu'il revendiquait (*Entretiens*, Livre III, Chap. 9) et qui, avant de s'embarquer, fait un détour sur son chemin pour entrer chez Epictète et lui demander son avis. Mais Epictète, bien sûr, ne peut rien pour lui, sinon lui dire que "tout homme, quoi qu'il fasse est amené à le faire par un jugement" et qu'être homme véritablement c'est, ceci une fois reconnu, examiner ses propres jugements. Cela certes est de première importance, le visiteur écoute à peine, prononce quelques politesses d'usage, mais n'entend rien de la leçon. C'est qu'on ne peut pas aller auprès d'un philosophe comme en passant, mais seulement, selon l'expression platonicienne "avec toute son âme". Sinon on n'acquiert rien et l'entretien tourne court. Le rhéteur dira bien plus tard sans doute, avec un rien de vanité blessée : "J'ai eu un entretien avec Epictète, mais c'était comme avec une pierre, comme avec une statue". Rien de plus.

Ce sont parfois d'importants personnages. Tel ce procurateur d'Epire, qui délégué par Rome n'a rien moins que toute la charge administrative de la province. Il avait été au théâtre publiquement injurié par la foule des spectateurs après avoir fait, il est vrai, injustement pression sur le jury pour qu'un certain Sophron remportât malgré sa médiocrité le prix de comédie. Et il se rend auprès d'Epictète pour se plaindre. Rien n'y fait pourtant. Le procurateur, tout entier à sa volonté, ne veut pas entendre raison. Que peut-il comprendre lui aussi, au principe éthique qu'avance le philosophe : garder, en toute occasion, sa personne morale en pleine conformité avec la nature (*Entretiens*, Livre III, Chap. 4). Une fois de plus la visite n'aura servi à rien.

b. On ne peut pas philosopher sans un jugement préalable

D'autres viennent à lui, s'asseoient, l'écoutent et simplement à l'entendre parler veulent devenir philosophes.

Du moins on peut le supposer, à la manière dont Epictète parle, pour s'en moquer, de ceux qui sont sous le charme d'un autre philosophe stoïcien appelé Euphrate et qui fut célèbre en son temps (*Entretiens*, Livre III Chap. 15 et *Manuel* XXIX, 4).

"Ainsi certains, après avoir vu un philosophe et avoir entendu quelqu'un parler comme Euphrate (...) veulent à leur tour philosopher". Mais cela ne fait pas une vocation. Aussi Epictète suggère-t-il que son interlocuteur, par lui-même procède là aussi à un jugement : "Homme, examine d'abord ce qu'est la chose, puis également ta propre nature et ce que tu peux porter". En soulignant la contradiction entre la pratique actuelle (manger, boire comme tu le fais, te mettre ainsi en colère) et l'intention. Puis en dépeignant toutes les difficultés à affronter, et que lui Epictète connaît bien, puisqu'il les a surmontées : "il faut veiller, se donner de la peine, vaincre certains désirs"...

c. Philosopher ce n'est pas apprendre les auteurs philosophiques

Beaucoup pourtant sont prêts à payer les cours pour se mettre eux aussi à la lecture des bons auteurs, émerveillés qu'ils sont par les progrès de leurs compagnons d'école : "Un tel est déjà capable de lire Chrysippe par lui-même" (*Entretiens*, Livre I, Chap. 4), butant encore il est vrai çà et là sur les difficultés et réclamant alors le secours du maître pour l'interprétation du texte, écrit pourtant simplement en grec, dans la langue maternelle de l'élève : "Voyons ! Que signifie ce mot ? Ce n'est pourtant pas du latin ! ..." (*Entretiens*, Livre I, Chap. 17). Mais l'élève croit progresser et dès lors cherche à se confronter au sophisme où Epimènide le Crétois dit que les Crétois mentent toujours, pour savoir si oui ou non Epimènide en a menti : "Je veux savoir ce que dit Chrysippe dans ses dissertations sur 'Le Trompeur'" (*Entretiens*, Livre II, Chap. 17). Puis du "Trompeur" il passe au "Dominateur" argument qui traite des rapports du possible et du réel, et à force d'études finit par connaître par cœur la position de Chrysippe ou de Diodore, celle de Cléanthe ou d'Antipater. Il a lu tous les livres (*Entretiens*, Livre II, Chap. 19) et peut comme les lettrés citer toutes les références : Hellanicos l'a dit dans ses *Egyptiaques*, Diogène dans son *Ethique* (*Entretiens*, Livre II, Chap. 19). Antipater dans son traité des Possibles...

Poursuivant ce qu'ils croient être leur éducation, ils se mettent à écrire, un peu "à la manière de..." Xénophon, de Platon ou d'Antisthène et attendent les compliments qui sont toujours trop longs à venir (*Entretiens*, Livre II, Chap. 17). Ils rédigent de belles compositions et font à leur tour des leçons : "Veux-tu que je te fasse une lecture, mon frère, puis à ton tour tu m'en feras une". Ils se plaignent même de ne pas assez avancer dans l'étude de la philosophie : "J'ai travaillé quelques introductions et lu quelques traités de Chrysippe, mais je n'ai pas franchi le seuil même de la philosophie" (*Entretiens*, Livre II, Chap. 16).

Mais ce n'est là pour Epictète que rêveries : la vraie philosophie est ailleurs car ce n'est pas elle qu'il faut revendiquer mais "les droits de la vérité".

d. Se mettre à philosopher c'est essuyer des rebuffades

Aussi le maître commence-t-il généralement par rebuter l'élève. Cela s'inscrit dans la tradition cynique telle que la rapporte Diogène Laërce. Quatre siècles plus tôt, Cratès avait brisé d'un coup de bâton un pot de lentilles que Zénon, alors son élève, tentait de dissimuler sous sa tunique. La purée s'était répandue le long des jambes. Et Cratès de s'écrier à l'encontre de Zénon qui s'enfuyait "Pourquoi te sauves-tu, petit Phénicien, je ne t'ai pas fait de mal". Il en avait été de même avec Diogène : "Quelqu'un voulait étudier la philosophie avec lui. Diogène l'invita à le suivre par les rues en traînant un hareng. L'homme eut honte, jeta le hareng et s'en alla".

Aussi Epictète ne manque-t-il pas de faire des reproches à celui qui vient d'abord seulement pour l'entendre et lui poser des questions. Il le jauge du regard : "Ton misérable corps ? C'est honteux la façon dont tu le soignes. Tes vêtements ? Eux aussi ils sont trop luxueux. Ton maintien, ton regard ? Absolument rien" (*Entretiens*, Livre II, Chap. 24). Parfois ce sont des questions posées à brûle-pourpoint et faites pour désarçonner l'interlocuteur qui n'a guère prévu cela. Ainsi en est-il de l'anecdote que rapporte Arrien : "Un jeune rhéteur en herbe vint un jour le trouver : sa chevelure était beaucoup trop soignée et toute sa toilette sentait la recherche : Dis-moi, lui demanda Epictète, ne penses-tu pas qu'il y ait des chiens qui soient beaux, et des chevaux, et de même toute autre sorte d'animaux ?" (Entretiens, Livre III, Chap. 1).

Tant et si bien que certains maugréent devant un vieillard si sec et que certains même peuvent partir pour ne plus revenir *(Entretiens*, Livre III, Chap. 1). Epictète ne fait là qu'imiter le comportement de son propre maître Musonius Rufus qui essayait de détourner ceux qui venaient lui rendre visite, au moyen de mises à l'épreuve qui permet de rejeter les mous et de ne retenir que les meilleurs : "Une pierre, même si on la lance en l'air, retombe sur la terre en vertu de sa propre nature. Ainsi le jeune homme bien doué, plus on le rebute, plus il penche vers l'objet auquel le porte sa nature" (*Entretiens*, Livre III, Chap. 6). Miroir de ceux qui entrent en sa demeure, Epictète peut même provoquer leur colère, comme cela se produit un jour qu'un Romain était entré avec son fils et écoutait ses leçons. Car "si tu dis à quelqu'un : "Tes désirs sont en effervescence, tes aversions sont basses, tes projets sont contradictoires, tes propensions sont inconciliables avec la nature, tes opinions sont inconsidérées et fausses" il sort aussitôt en s'écriant : "Il m'a injurié !". Comme si pour le médecin c'était injurier le malade que de lui dire qu'il est malade, comme si le miroir faisait tort à l'homme laid en le montrant à lui-même tel qu'il est (*Entretiens*, Livre II, Chap. 14).

Tous ne sont pas faits pour être athlètes. "Vois tes bras, considère tes cuisses, examine tes reins" (*Manuel* XXIX. 4.). Encore moins pour être les vainqueurs des Jeux olympiques (*Manuel* XXIX. 2.). Le programme de préparation risque bien d'être épuisant ("te blesser une main, te démettre le pied, avaler bien de la poudre" (Manuel XXIX. 2.) et rien ne garantit la victoire. De même tous ne sont pas faits pour se lancer dans la philosophie "Examine d'abord à quoi ressemble l'entreprise". Là aussi le programme de préparation risque d'être épuisant. Ce ne sont en fait, comme le décrit si en détail le *Manuel* XXIX qu'inconvénients immédiats ; ceci aussi bien pour la nourriture (changer de façon de manger et de boire) que pour le comportement (désirer et repousser autrement). Ce sera non seulement un effort personnel (veiller, travailler) mais une rupture avec tous ceux qui nous entourent ("s'éloigner de ses parents et de ses amis" et même de son pays, une autre façon d'être vu par autrui ("être le jouet d'un enfant, être raillé par les premiers venus" ; comme le dit aussi ailleurs le *Manuel* XXII : "Tu veux devenir philosophe, prépare-toi dès là à être moqué et fais ton compte que le peuple te sifflera"). Et plus encore, c'est la perte assurée de toute considération sociale ("avoir le dessous en tout dans la poursuite des honneurs, de charges dans les tribunaux, en un mot, dans toutes les affaires").

Les avantages, certes sont considérables ("la tranquillité, la liberté, la constance") mais lointains. La route est longue et pour être menée à terme implique justement la constance qui est à elle-même la perfection de la moralité.

e. Chacun son rôle

Nous n'avons pas tous à devenir philosophes... Car chacun a une tâche différente (*Manuel* XXIX). D'où la métaphore du matelot embarqué sur un navire et qui refuse de grimper au mât et qui refuse de courir à la proue : "Quel est le capitaine qui te supportera ? N'est-il pas vrai qu'il te jettera par-dessus bord comme un meuble inutile". D'où la métaphore du soldat : "Ne sais-tu pas que notre condition est celle de soldats en campagne ? L'un doit monter la garde, l'autre partir en reconnaissance, un autre encore aller se battre" (*Entretiens*, Livre III, Chap. 24). Image proche de celle du *rôle*. Car chacun dans la vie sociale a son rôle à tenir et en aucun cas (*Manuel* XXXVII) il ne faut en prendre un qui soit au-dessus de ses forces, car non seulement on joue mal le rôle usurpé, mais on abandonne celui qu'on pouvait bien tenir.

C'est déjà l'injonction d'une mise à distance, d'un premier détachement.

Et reconnaître qu'il y a un capitaine ("Si le capitaine t'appelle il faut courir au vaisseau et tout quitter, sans regarder derrière soi" *Manuel* VII) ; un général, un metteur en scène : "Souviens-toi que tu es acteur dans la pièce où le maître qui l'a faite a voulu te faire entrer (...). C'est à toi de bien jouer le personnage qui t'as été donné ; mais c'est à un autre à te le choisir" (*Manuel* XVII).

f. Pour ceux qui ont décidé de philosopher

Mais tout autant que le maître cherche à rejeter le futur disciple, une fois que les choses sont décidées, il n'y a plus de temps à perdre. Dès lors, une urgence s'impose : "Mais si c'est bon demain, combien est-ce meilleur aujourd'hui ; si demain cela t'est utile, ce le sera bien plus aujourd'hui, pour que demain aussi tu en sois capable et ne renvoies pas de nouveau au jour suivant" (*Entretiens*, Livre IV, Chap. 12).

C'est que la formation vers la philosophie exige du temps (*Entretiens*, Livre IV, Chap. 8), mieux encore une certaine lenteur qu'il ne faut point brusquer — une maturation qu'Epictète évoque dans la parabole de la figue : "Rien de grand ne se produit de façon subite, puisque même la grappe de raisin ou la figue ne le font pas. Si tu me dis maintenant : "Je veux une figue", je te répondrai il faut du temps. Laisse d'abord venir les fleurs, puis naître le fruit, et enfin laisse-le mûrir" (*Entretiens*, Livre I, Chap. 15).

g. Des prénotions

Selon les philosophes stoïciens il y a "communes à tous les hommes" *certaines notions*, comme celles :
— "que le *bien* est utile et désirable, qu'il faut le rechercher et le poursuivre"
— " que le *juste* est beau et convenable"
— "que la *sainteté* est à honorer", etc... (*Entretiens*, Livre I, Chap. 22).

Ces notions de l'ordre du sens commun (appelées aussi *prénotions*) sont communes à tous, elles se constituent naturellement et spontanément et (comme un système) sont en accord les unes avec les autres. Elles apparaissent chez l'enfant à partir de sept ans pour être totalement constituées à quatorze ans (l'âge de raison...). L'homme possède donc, lorsqu'il a quitté l'état d'enfance, l'ensemble des notions requises pour devenir un sage...

Enfin tous les hommes sont d'accord entre eux pour s'entendre sur les prénotions et les reconnaître sans difficulté. Est-il facile d'obtenir à leur propos un acquiescement. On le voit par exemple dans cet échange : — La liberté te paraît-elle être un bien ? — "Le plus grand bien" (*Entretiens*, Livre IV, Chap. 1) ; ou encore : — Penses-tu que l'amour de la famille soit naturel et bon ? — "Sans aucun doute !" (*Entretiens*, Livre I, Chap. 11). C'est à partir de ce premier accord que le dialogue (à vocation philosophique) trouve son accroche certaine et peut continuer à se développer dans la recherche en commun du vrai.

h. à appliquer aux événements

Mais pour l'homme du commun livré à lui-même (c'est-à-dire en réalité aux événements extérieurs), c'est le seul moment possible de l'accord. Car dès qu'il va falloir "appliquer" ces pré-notions aux événements du monde extérieur les *contradictions* (au sens de points de vue opposés) surgissent...

Dans cette *mise en rapport* (application) de la prénotion à l'événement l'erreur peut se glisser ; car, cette mise en rapport, il n'y a pas une seule manière de l'effectuer. La manière conforme c'est d'effectuer la mise en rapport conformément à la nature ; la manière non conforme (là où l'erreur se glisse, mais qui n'est qu'une erreur de jugement !) c'est d'effectuer la mise en rapport sans rester en conformité avec la nature. On sait aisément que le bien est à rechercher, mais est-ce ce bien-ci, ou au contraire ce bien-là ? On sait que le juste est convenable, mais ceci qui advient est-il juste ou injuste ? On sait que la sainteté est à honorer, mais dans la vie réelle cet homme est-il ou non un saint ?

L'éducation philosophique dira Epictète c'est apprendre à appliquer nos prénotions naturelles aux cas particuliers d'une façon conforme à la nature" (*Entretiens*, Livre I, Chap. 22).

i. mais d'abord diviser les événements

Mais cette idée d'appliquer correctement les pré-notions à l'événement, c'est-à-dire conformément à la nature, risque de rester obscure si nous n'élucidons pas ce que signifie *conformément* à la nature.

Pour ce, il nous faut faire le détour de reconnaître d'abord comment la nature nous advient. Jamais d'un bloc, dans sa totalité, mais par fragments ; par une suite d'*événements*. La nature, pour nous, (la nature physique, la nature sociale) ne nous atteint jamais autrement que par des événements.

Et d'une manière, somme toute assez comparable à la nôtre, la vie d'un Grec du 1er siècle ap. J.-C. était faite d'une série d'événements qui s'imposaient — comme la naissance ici ou là, la vie, la mort ; qui étaient recherchés, comme les promotions et les nominations ; qui étaient craints, comme la défaveur ou l'exil. Evénements qui surgissaient d'eux-mêmes comme des données inéluctables ou bien au contraire qui étaient le fruit d'âpres luttes (comme la richesse et le pouvoir). Et cela donc avec son lot de joie et de souffrance, son cortège d'espoirs et de déceptions. Une sorte de ronde sans cesse répétée, d'événements dans une incessante diversité qui accompagne la marche du monde. Mais en même temps et parce que nous sommes des êtres de raison, nous disposons si nous le voulons d'un moyen de ne pas seulement subir les événements mais plutôt de les tenir à distance en apprenant à les distinguer et à les classer. Et la philosophie stoïcienne constituée fournit au novice l'outil qui lui permet devant chaque événement d'opérer les classements. Il faut, à chaque fois, dit Epictète "discerner parmi les êtres (entendons ici les événements) ceux qui dépendent de nous et ceux qui n'en dépendent pas" *(Entretiens*, Livre I, Chap. 22).

C'est la distinction de *ta eph emin* (ce qui dépend de nous) d'avec *ta ouk eph emin* (ce qui ne dépend pas de nous), sans cesse répétée. Elle ouvre le *Manuel* I. 1 et s'y lit à plusieurs reprises : I.5 ; II.1 ; II.2 ; XIV. 1 ; XIX. 2 ; etc... C'est cette même distinction qui ouvre aussi, en forme de sous-titre le premier chapitre des *Entretiens* ("Des choses qui dépendent de nous et de celles qui n'en dépendent pas") et qui est souvent répétée tout au long des quatre livres de cet ouvrage.

j. ce qui ne dépend pas de nous, ce qui dépend de nous

Les nomenclatures qui se rapportent à cette distinction sont faciles à établir.

Parmi les événements du monde qui ne dépendent pas de nous il y a (en y mettant, selon la tradition stoïcienne, un certain ordre) :
— le corps et les biens du corps : la santé et la maladie, son intégrité maintenue ou mise en cause (la jambe qu'on emprisonne, la tête qu'on décapite) et le fait même que le corps soit vivant ou mort.
— les autres hommes qui nous environnent : parents, frères, femme, enfants, amis, esclaves,
— les biens extérieurs : la réputation, la richesse, le pouvoir.

Les choses — choses et non "événements", car les événements c'est justement ce qui advient de l'*extérieur* et donc qui ne saurait par nature dépendre de nous — donc les choses qui dépendent de nous, le Manuel (I, 1) en donne une liste pêle-mêle : "nos opinions, nos mouvements (au sens de tendance), nos désirs, nos aversions" mais interprète et synthétise cette nomenclature par la formule : "en un mot toutes nos actions" ; ce qui, en passant du grec au français se traduit aussi par "toutes nos œuvres propres" (traduction Jean Pépin) ou encore "toutes les œuvres qui nous appartiennent" (traduction Mario Meunier).

Les *Entretiens*, Livre I, Chap. 22 disent : "Dépendent de nous : la personne et tous ses actes". Et dans la mise en scène d'Epictète lui-même dialoguant avec Zeus, Zeus déclare : "Epictète, si c'eût été possible, et ton pauvre corps et ton petit avoir, je les aurais faits libres et sans entraves. En réalité ne l'oublie pas ce corps n'est pas proprement tien ; ce n'est que de l'argile habilement pétrie. Donc, n'ayant pu faire cela, nous t'avons donné quelque chose de nous, cette faculté de propension et de répulsion, de désir et d'aversion, en un mot le pouvoir d'user de représentations" (*Entretiens*, Livre I, Chap. 1).

k. mal appliquer les prénotions

Mal appliquer les prénotions c'est donner du prix à ce qui ne dépend pas de nous. Epictète en ressasse les exemples : c'est donner du prix au corps. Or le corps "ce n'est que de l'argile habilement pétrie" (*Entretiens*, Livre I, Chap. 1, constamment marqué par l'épithète "mon pauvre corps" (*Entretiens*, Livre IV, Chap. 1) défini comme un cadavre, une misérable carcasse (*Entretiens*, Livre I, Chap. 29) ou encore comparé à un ânon : "C'est le corps tout entier que tu dois ainsi tenir pour un ânon que tu charges, aussi longtemps qu'il en est capable" (*Entretiens*, Livre IV, Chap. 1). Et lorsque le tyran annonce la prison, le philosophe répond : — "Homme que dis-tu là ? Moi (en prison). C'est ma jambe que tu enchaîneras. Ma personne morale (*proharesis*), Zeus lui-même ne peut la vaincre". Et si on va jusqu'à menacer de couper la tête (comme la menace faite à Socrate qui refuse d'aller chercher Léon à Salamine — Platon, *Apologie de Socrate*, 32 c), le philosophe répond" — Et lui (le tyran), gardera-t-il toujours la sienne ?" (*Entretiens*, Livre IV, Chap. 7). C'est donner du prix à ceux des êtres vivants qui nous environnent. "Et si tu désires que tes enfants vivent toujours, ainsi que ta femme, ton frère, tes amis, est-ce en ton pouvoir ? — Cela non plus" (Manuel) (*Entretiens*, Livre IV, Chap. 1 et *Manuel* XIV, 1) ou encore : "Mais qu'adviendra-t-il donc si mes amis de là-bas meurent ? _ Qu'adviendra-t-il d'autre, sinon que les mortels seront morts ?" (*Entretiens*, Livre III, Chap. 24).

C'est donner du prix aux biens extérieurs comme la richesse, la réputation, le pouvoir. C'est le contraire de ce que fait le philosophe. Et de se référer à l'exemple d'Ulysse qui ne se laisse pas abattre par le dénuement lorsqu'il est jeté sur la côte par un naufrage : "A quoi se fiait-il ? Non pas à la réputation, ni aux richesses, ni aux dignités, mais à ce qui faisait sa force à lui, c'est-à-dire à ses jugements sur ce qui dépend ou ne dépend pas de nous". (*Entretiens*, Livre III, Chap. 26).

Car le corps peut subir des injures, des maladies, la mort. Les proches être enlevés à l'affection. Les richesses confisquées. Et nous comme être social, pouvons être emprisonnés, exilés, condamnés. Toutes ces choses sont donc instables, susceptibles d'être "empêchées", elles nous sont finalement étrangères ("aliénées") (*Entretiens*, Livre IV, Chap. 6). Elles ne constituent pas notre œuvre (*Manuel* I.1) et comme telles ne sont pas en notre pouvoir. Elles ne sont pas de l'ordre de l'être, mais de l'avoir.

I. Bien appliquer les prénotions

La conformité de l'être avec lui-même (ce qui est la même chose "avec la nature", puisque tout être vivant est partie de la nature) s'établit spontanément comme une conséquence naturelle, dans le comportement de l'animal ; elle existe même chez l'homme au niveau de la tendance (*hormé*). Mais pour l'homme, après l'âge de raison, cette "convenance" ne se fait plus spontanément, elle résulte d'un choix réfléchi. Comme l'indique Diogène Laërce (Livre VII. 86) : "Aux êtres raisonnables, la raison a été donnée en vue d'une fonction plus parfaite ; aussi vivre selon la nature devient pour eux vivre selon la raison". Si les animaux, quant à eux, sont indifférents aux événements du monde, c'est parce qu'ils n'ont pas la raison. Mais pour nous, dit Epictète, faut-il pourtant que la raison nous ait été donnée "pour notre infortune et notre malheur, pour que nous passions notre vie dans une sempiternelle misère et dans les lamentations" (*Entretiens*, Livre III, Chap. 24).

Se conformer à la nature demeure la règle (*Entretiens*, Livre II, Chap. 24). Autrement dit l'homme doit connaître sa nature (qui est partie de la nature universelle) ("Savons-nous donc ce qu'est un homme, quelle est sa nature" *Entretiens*, Livre II, Chap. 24). Et tant que l'homme reste dans l'ignorance de sa nature (ignorance qui n'est pas son propre, mais seulement une insuffisance), "Cet homme ne peut se conformer à la nature, ni dans ses désirs, ni dans ses aversions, ni dans ses proprensions, ni dans ses desseins, ni dans ses affirmations ou ses négations, ni dans ses doutes" (*Entretiens*, Livre II, Chap. 24). Ainsi c'est l'ignorance des hommes, et seulement cette ignorance, qui est cause de leurs misères morales. Connaître sa propre nature pour l'homme c'est reconnaître "qu'on n'est ni chair, ni os, ni nerfs, mais le principe qui se sert de ces instruments, le principe qui, à la fois, gouverne et comprend les représentations" (*Entretiens*, Livre IV, Chap. 7). Connaître sa propre nature pour l'homme c'est reconnaître qu'il y a en lui une faculté capable "d'avoir conscience d'elle-même, de sa nature, de son pouvoir, de la valeur qu'elle apporte en venant en nous" c'est reconnaître l'existence de la Raison (*Entretiens*, Livre I, Chap. 1).

C'est agir conformément à la raison, agir en s'appliquant (c'est-à-dire en recherchant) aux choses en notre pouvoir, autrement dit en recherchant la raison elle-même : "Et la raison, qu'est-elle ? Un système de représentations diverses. Ainsi est-elle apte par nature à se prendre (elle-même) pour objet d'étude" (*Entretiens*, Livre I, Chap. 20). C'est retrouver, ce qui est donné d'abord, l'accord de soi d'avec soi. Ce qui est aussi, notons-le au passage, une définition de la liberté. Et ce qui explique la formule du *Manuel* I.2 : "Les choses qui dépendent de nous sont par nature libres, sans empêchement, sans entraves".

m. la confusion des valeurs, source de malheur

Contrairement à ce qu'une lecture, par trop hâtive, pourrait faire croire, le propos d'Epictète n'est pas de supprimer le *désir* — ou son contraire l'*aversion*. Et ce malgré la formule du *Manuel* II.2 "Quant au désir supprime-le complètement" elle doit se lire avec son indispensable complément "pour le moment". Il s'agit d'un précepte destiné, spécifiquement, à celui qui commence à philosopher et non au sage (précepte repris en écho en XLVIII.3 : "Il a débarrassé sa personne de tout désir").

Bien au contraire la vie heureuse (pour reprendre l'expression de Sénèque) c'est "de vivre sans entrave dans nos désirs et nos aversions (...) ; ne pas se voir frustré dans ses désirs et ne pas se heurter à ce qui répugne" (*Entretiens*, Livre III, Chap. 12). Est libre celui qui vit à sa guise, celui qu'on ne peut ni contraindre, ni contenir, ni violenter (*Entretiens*, Livre IV, Chap. 1). On connaît la définition simple : le vœu du désir est d'obtenir ce qui est désiré ; le vœu de l'aversion est de ne pas rencontrer son objet (*Manuel* II.1). Ce qui est en jeu, ce n'est pas le mouvement *vers* (et qui est de l'ordre de la nature), c'est ce sur *quoi* porte ce mouvement, l'objet (au sens large) auquel il cherche à s'appliquer (et qui lui est strictement de notre choix).

Et, c'est là où la distinction précédente va devenir précieuse, la distinction entre ce qui est de notre ressort, ou ce qui n'est pas de notre ressort. Désir et aversion ne doivent s'appliquer que sur ce qui dépend de nous ; sinon (*Manuel* II.1) on va désirer ce qui ne dépend pas de nous (la réputation, la richesse, le pouvoir) et haïr aussi ce qui ne dépend pas de nous (la maladie, la mort, la pauvreté).

Il y a donc bien expressément chez Epictète la reconnaissance tout aussi bien que les désirs ne doivent pas être frustrés et qu'il ne faut pas rencontrer ce qu'on cherche à éviter (*Entretiens*, Livre III, Chap. 2). Se voir frustré dans ses désirs, rencontrer ce qu'on cherche à éviter "voilà ce qui amène les troubles, les agitations, les infortunes, les calamités, les chagrins, les lamentations, les envies". Au contraire pour celui qui place son bien et son intérêt (qui "applique" sa tendance fondamentale de désirer) dans les "objets" qui ne subissent pas la contrainte d'autrui — la liberté, le contentement, le bonheur sont alors trouvés (*Entretiens*, Livre IV, Chap. 7).

n. la philosophie comme ascèse

On sait comment se passait un cours de philosophie : d'abord le cours proprement dit constitué d'une lecture commentée d'un texte philosophique (par exemple Chrysippe. Cf. Entretiens, Livre III, Chap. 21), puis un entretien avec les auditeurs — c'est la diatribe ; et enfin des discussions individuelles.

Mais ceux qui venaient, en connaissance de cause, à ces cours ne venaient pas seulement pour entendre un discours de philosophie encore moins un discours sur la philosophie. Certes il est vrai, comme le reconnaît Epictète que "les livres des Stoïciens regorgent de beaux discours" (*Entretiens*, Livre I, Chap. 29). Mais pour les Stoïciens, comme pour les autres philosophes de l'Antiquité (c'est vrai par exemple pour les platoniciens et les épicuriens) la philosophie est avant tout un style de vivre, une manière d'être.

Aussi la philosophie stoïcienne (en tant que doctrine constituée avec sa physique, sa logique, son éthique) est-elle inséparable des exercices qui mettent en œuvre cette philosophie et qui vise en réalité comme n'importe quelle philosophie authentique à transformer, par le biais d'un nouveau savoir portant sur l'homme et le monde, l'homme (en transformant aussi son rapport au monde sinon le monde lui-même) : "mettre en pratique les préceptes. Et cela seulement est extraordinaire" *(Manuel XLIX)*. Aussi peut-on valablement considérer le *Manuel* d'Epictète, comme un livre ou tout au moins le fragment d'un livre d'exercices philosophiques (en n'oubliant pas qu'exercice traduit *askesis* qui signifie aussi ascèse...)

Le premier point c'est celui de la mise en distance du monde (qui permet du même coup d'opérer en soi-même les distinctions qui s'imposent après avoir soigneusement "examiné les données" : les choses qui dépendent de nous, qui ne dépendent pas de nous ; les choses et les opinions sur les choses (*Manuel* V. 1) ; les événements et la volonté (*Manuel* VIII) ; la fin et les moyens (Manuel XXIX. 5) ; les deux anses du vase (*Manuel* XLIII) ; raisonnements non concluants, raisonnements concluants (*Manuel* XLIV), etc...

Le second point c'est celui de l'attention, nécessaire d'ailleurs pour opérer cette distinction effectuée par l'esprit et la maintenir en tant que telle, sorte de concentration, de tension qui peut (et doit) être présente en n'importe quelle activité : "Aujourd'hui, je veux jouer". Et bien qu'est-ce qui t'empêche de le faire avec attention ? — "Je veux chanter" Qu'est-ce qui t'empêche de le faire avec attention ? Y-a-t-il une portion de la vie à laquelle notre attention ne doive s'entendre ?" (*Entretiens*, Livre IV, Chap. 12).

Le troisième point c'est celui de la méditation intérieure. Tantôt elle est tournée vers le futur, et vise à l'intérioriser dès maintenant, pour s'y préparer. Le futur inéluctable qui fait de l'exercice philosophique une préparation à l'exil ou la mort : "Que la mort, l'exil et tout ce qui te paraît effrayant soient sous tes yeux chaque jour ; mais plus que tout la mort" (*Manuel* XXI). Le futur probable : "Si tu désires la philosophie, prépare-toi à être ridiculisé et raillé" (*Manuel* XXII) ; Tantôt elle mémorise le passé. Elle prend appui sur les exemples fameux de Socrate, de Diogène, ou de Zénon : "C'est ainsi que Socrate est devenu lui-même, en n'appliquant son esprit à rien d'autre qu'à la raison" (*Manuel* LI) et "La mort n'a rien d'effrayant car Socrate aussi l'aurait trouvée telle (*Manuel* V) ou encore plus simplement elle s'appuie sur des expériences récentes d'où elle tire des leçons : "On t'a préféré quelqu'un dans un repas" (*Manuel* XXV).

Ainsi dans le *Manuel* XXXVIII : "De même qu'en te promenant tu fais attention à ne pas marcher sur un clou ou à ne pas te tordre le pied, ainsi fais attention à ne point nuire aussi..." Cette vigilance est essentiellement attention du présent. Comme l'indique Marc-Aurèle : "En toutes choses et continuellement, il dépend de toi de te réjouir avec piété de l'occurence présente, de te comporter selon la justice avec les hommes présents et de fixer toute ton attention sur l'idée présente. Et selon l'expression (*Pensées*, Livre VII, 54) même de Pierre Hadot dans sa communication sur "Exercices spirituels et philosophie antique" ; "(L'attention au moment présent) délivre de la passion qui est toujours provoquée par le passé ou l'avenir qui ne dépendent pas de nous ; elle facilite la vigilance en la concentrant sur le miniscule moment présent, toujours maîtrisable, toujours supportable". Mais si l'attention est vigilance au présent, elle est tout autant retenue face à l'immédiateté non maîtrisable de l'événement. D'où une sorte de pratique presque constante du délai, pour permettre une fois encore la mise en distance, la mise en perspective de ce qui advient et de la réponse qu'il convient (après cette suspension) de donner. "Car si une fois tu gagnes temps et délai, tu deviendras plus facilement maître de toi". (*Manuel* XX) et encore "Diffère d'agir et obtiens de toi quelque délai" (*Manuel* XXXIV).

Tout vise à réformer l'habitude. Et seul l'exercice est le garant de cette formation : "Toute habitude et toute faculté se conserve et se fortifie par les actions correspondantes" (*Entretiens*, Livre II, Chap. 18).

Mais pour celui qui débute, les exercices doivent être strictement appropriés à la force mobilisable et donc porter d'abord sur les petites choses. "Commence donc par les petites choses. On laisse couler ton huile, on vole ton vin ?" (*Manuel* XII.2). "Si tu vas te baigner représente-toi ce qui arrive au bain" (*Manuel* IV). "A propos de tout objet d'agrément, d'utilité ou d'affection souviens-toi de te demander ce qu'il est, à commencer par les plus insignifiants" (*Manuel* III).

Que le progressant doit aller selon sa propre force, avec cependant à chaque fois la tension que cela implique, on en a un exemple clair dans le *Manuel* II.2. Déjà le progressant sait faire la division radicale : ce qui est en notre pouvoir, ce qui n'est pas en notre pouvoir... Il sait aussi aisément reconnaître ce qui est de l'ordre du désir et de l'aversion. Enfin Epictète suppose commune la distinction (dont on parle généralement assez peu en ce qui concerne le stoïcisme) entre ce qui est conforme et ce qui est contraire à la nature. Le déplacement demandé est faible : retirer l'aversion des choses qui ne dépendent pas de nous et la placer sur les choses qui sont de notre ressort. Quant à l'exercice sur le désir, qui viserait au même déplacement il est encore trop tôt pour le faire. Il suffit pour le moment présent de suspendre le désir, car pour désirer les choses qui sont de notre ressort "et qu'il serait bon de désirer", aucune n'est encore à ta portée.

Mais l'ajustement des exercices à la capacité du progressant implique toujours un effort, une tension qui peut même dans certains cas aller à l'extrême sinon à l'excès : "Je suis incliné au plaisir : je me précipiterai dans la direction opposée, et cela avec excès, pour m'exercer" (*Entretiens*, Livre III, Chap. 12).

Ceci doit être mené sans délai : "Dès à présent" (*Manuel* LI. 2) "Si jour après jour tu repousses" (*Manuel* LI.1) et avec constance (ce qui est déjà la marque de la sagesse), sans passer d'un rôle à l'autre : "Tu dois être un seul homme" (*Manuel* XXIX. 7), sans abandonner honteusement (*Manuel* XXIX.1) ; car si le "progressant" persévère : "Ceux-là mêmes qui se moquaient de (lui) au début viendront l'admirer" (*Manuel* XXII).

En tout cela, et le Manuel (bien plus que les *Entretiens*) y insiste particulièrement : la mise en distance intellectuelle initiale qui permet d'examiner, de distinguer — et par là même d'articuler les éléments du réel, comme on articule les parties d'un syllogisme — va de pair avec une mise en distance matérielle du monde social dans lequel nous vivons tous. D'où cette image possible d'un spectacle du monde. Non seulement la référence très fréquente au théâtre (avec l'idée de rôle à jouer) (*Manuel* XVII) mais aussi à celle de la foire (reprise de Pythagore) : "Il est un peu de ce qui nous concerne comme de ce qui se passe dans une foire. On y amène les troupeaux pour les vendre (...) mais bien peu sont venus pour jouir du spectacle de la foire, pour voir comment cela se passe et pourquoi" (*Entretiens*, Livre II, Chap. 14). D'où aussi ce précepte constant (*Manuel* XVII) d'un retrait marqué le plus souvent par le silence. Tandis que les hommes s'agitent et parlent, le progressant est presque silencieux. "Sois le plus souvent silencieux. Ne dis que ce qui est nécessaire et en peu de mots" *Manuel* XXX.2 et plus encore "Signe de celui qui progresse : il ne blâme personne, il ne loue personne (...) quand on le blâme il ne se justifie pas" (*Manuel* XLVIII) ; ce retour vers soi (cette "conversion" au double sens du terme) n'est pas une attitude. Tout à la fois elle marque l'indifférence acquise à tout ce qui ne dépend pas de nous et en même temps comme une sorte d'exercice préalable du corps, nous y prépare (*Manuel* XXXIII).

Cependant, et l'on sait que *Manuel* signifie à proprement parler ce qu'on a "sous la main", l'exercice philosophique nous donne aussi les réponses toutes faites dont nous risquons d'avoir besoin. D'où l'importance des maximes concises et faciles à retenir que l'on peut grâce à leur assonance aisément fixer dans sa mémoire. La plus célèbre reste la distinction initiale : "*ta eph emin*" et "*ta ouk eph emin*" (ce qui dépend de nous et ce qui ne dépend pas de nous). Et que l'on ne cessera de répéter, comme en donne l'exemple *Entretiens*, Livre III, Chap. 8" — Le fils d'un tel est mort. — Réponds : Cela ne dépend pas de nous, ce n'est pas un mal", ou encore par la reprise de la formule "Qu'est-il arrivé ? : "Son fils est mort — Qu'est-il arrivé ? Son fils est mort ; — son navire a péri ? Qu'est-il arrivé ? Son navire a péri" dont on voit l'emploi dans *Manuel* III "Si tu aimes une marmite, dis-toi c'est une marmite que j'aime". Sorte de catéchisme avec son jeu mécanique de questions et de réponses : "Quel est le siège du bien ? — La personne morale. Quel est le siège du mal ? — La personne morale. Quel est le siège de ce qui est neutre ? — Ce qui n'est point du domaine de la personne morale".

o. les trois degrés de la philosophie

Une grande place est donc donnée à l'exercice du point d'application du désir et de l'aversion. Car mal appliquer c'est provoquer les passions qui vont au-delà de la mesure : "la passion ne vient point d'ailleurs que du fait de se voir frustré de ses désirs ou de rencontrer ce qu'on cherche à éviter". C'est là une première discipline philosophique : celle portant sur le désir.

Mais il n'y a pas que ce qui est de l'ordre du désir (ou de l'aversion) qui relève de la philosophie. Il y a aussi ce qui est de l'ordre de la "propension" et des répulsions (c'est-à-dire dans un langage plus moderne ce qui se rapporte à l'agir) et de l'art de les diriger conformément aux devoirs (là encore on voit l'idée de "l'application" de la propension) : "Ce qui a trait au devoir, afin d'agir d'une façon ordonnée, réfléchie, sans négligence" (*Entretiens*, Livre III, Chap. 2). Car l'homme raisonnable "ne doit pas être insensible comme une statue, mais observer avec soin ce que réclament les relations naturelles ou acquises, comme un homme religieux, comme un fils, comme un frère, comme un père, comme un citoyen". C'est là, la seconde discipline du philosophe.

Enfin la troisième discipline philosophique, son troisième thème, c'est ce qui concerne le penser et qui relève de la "logique tout autant que de la morale : la troisième, est celle qui concerne la fuite de l'erreur, la prudence du juge, en un mot ce qui se rapporte aux assentiments". Et le domaine de l'assentiment qui est celui de l'esprit (et non du corps) est d'emblée libre : "en matière d'assentiment tu ne peux subir ni entrave ni empêchement" (*Entretiens*, Livre IV, Chap. 1).

On sait que par représentation il faut entendre le "contenu de conscience" ; mais ce contenu peut lui aussi être examiné, par l'esprit et donc rejeté ou accepté : "De même que Socrate disait qu'on ne doit pas vivre sans soumettre sa vie à l'examen, de même ne faut-il point accepter une représentation sans examen, mais on doit lui dire : "Attends, laisse-moi voir qui tu es et d'où tu viens", tout comme les gardes de nuit disent : "Montre-moi tes papiers" (*Entretiens*, Livre III, Chap. 12). C'est l'acceptation de la représentation qui définit l'assentiment. Il y a d'ailleurs un niveau plus élevé encore : celui de la compréhension.

Ce que figure l'image décrite par Cicéron dans les *Premiers Académiques*, Livre II, XLVII 145 : "Zénon le démontrait par des gestes : "Il montrait sa main ouverte les doigts étendus ; 'voici la représentation' disait-il ; puis il contractait légèrement les doigts : 'Voici l'assentiment'. Puis il fermait et serrait le poing, en disant : "Voici la compréhension" ; c'est d'ailleurs d'après cette image qu'il a donné à cet acte un nom qui n'existait pas auparavant, celui de *catalêpsis*".

❏ 4. LE TEXTE DU *MANUEL*

Nous ne disposons plus aujourd'hui commodément que des textes des stoïciens de l'époque impériale : Sénèque (en latin), Epictète et Marc-Aurèle (en grec).

Pour le reste (Ancien Stoïcisme, Moyen Stoïcisme) nous ne disposons que de fragments.

Pour beaucoup d'entre eux ils sont empruntés au Livre VII de *Vie, Doctrines et Sentences des philosophes illustres* de Diogène Laërce consacré aux Stoïciens (Diogène Laërce ayant probablement vécu dans la première moitié du IIIème siècle ap. J.-C.). Cet ouvrage est aujourd'hui aisément consultable dans sa traduction française, dans une édition en format de poche (Garnier-Flammarion, 2 tomes) et fournit des notices et des citations sur Zénon, Ariston, Merillos, Denys, Cléanthe, Spheros, Chrysippe ; mais le texte nous étant vraisemblablement parvenu incomplet ne nous dit rien sur le Moyen Stoïcisme ni sur le Stoïcisme de l'époque impériale. Il s'agit d'une œuvre de compilation de divers autres historiens de la philosophie.

Mais il y a aussi chez plusieurs autres auteurs (Cicéron, Sextus Empiricus, Philon, Plutarque, Stobée, etc...) des citations nombreuses ou éparses de philosophes stoïciens.

Dès la fin du XIXème siècle un travail rigoureux est entrepris pour fournir des recueils systématiques de fragments :
— en allemand, et d'une manière générale pour la philosophie grecque : H. Diels *Doxographi Graeci* Berlin 1879 (qui continue d'être édité ; 3ème édition 1958) ;
— en anglais, sur l'Ancien Stoïcisme : A.C. Pearson : *The Fragments of Zeus and Cléantes*, London, Cambridge 1891.
— en allemand. C'est la référence fondamentale pour toute étude du stoïcisme. Le livre qui recueille tous les fragments qui nous sont parvenus des œuvres des anciens stoïciens, est publié en latin et fournit les références selon la langue de l'auteur cité (soit en grec, soit en latin) : Joannes ab Arnim *Stoïcorum Veterum fragmenta* (Fragments des anciens stoïciens) Stuttgart : Teubner 1903-1905, initialement en 3 volumes ; un quatrième volume d'index paraît en 1924. Le livre est réédité en 1964 (dernier tirage : 1978)
Tome 1 : Zénon et ses disciples (Ariston, Apollophanes, Herillus, Denys, Persée, Cléanthe, Sphaerus)
Tome 2 : Chrysippe (Logique, Physique)
Tome 3 : Chrysippe (Morale) et ses disciples (Zénon de Tarse, Diogène de Babylone, Antipater, Apollodore, Archedeme, Boëthe, Basilide, Eudrome, Crinis)
Tome 4 : Index, établis par M. Adler.

Ces fragments, rassemblés par Hans von Arnim qui fournit à chaque fois les références des textes, ont fait l'objet de traductions partielles :
Italienne : N. Festa : *I fragmenti degli stoici antichi* (ordinati, tradotti et annotati) Tome 1 : Zénon ; Tome 2 : élèves de Zénon, Bari 1935.

Allemande : Max Pohlenz : *Stoa und Stoiker* (die Gründer, Panaïtios, Poseidonios) Zurich 1950.

Epictète n'a rien écrit, mais de nombreux propos liés à son enseignement ont été rapportés par Arrien sous le titre d'*Entretiens*, à partir desquels, semble-t-il, a été composé par Arrien lui-même, un *Manuel* (en grec *Enchiridion*).

Pour ceux des étudiants qui souhaiteraient pouvoir lire le texte du *Manuel* d'Epictète dans sa langue d'origine (le grec), l'édition française n'en offre pas actuellement commodément la possibilité. La "collection Budé" (Société d'édition *Les Belles Lettres*) donne seulement une édition bilingue (grec-français) des *Entretiens* en 4 volumes (1ère édition 1943, réédité en 1962 ; traduction Joseph Souilhé et Armand Jagu).

Il faut se reporter à une édition classique anglaise (*Loeb Classical Library*) où l'œuvre d'Epictète en deux volumes, se présente avec le texte grec et sa traduction anglaise. Cette édition contient également vingt-huit fragments (empruntés à Armode, Stobée, Gellius, Marc-Aurèle) qui complètent notre information sur Epictète, et huit fragments supplémentaires "douteux".

Ou encore on peut consulter la très savante édition de l'érudit allemand Henri Schenkl *Epicteti Dissertationes ab Arriani digestae,* Stuttgart, Teubner, 1894, puis 2ème édition 1916 (réédité en 1965) composé d'après un manuscrit de la fin du XIème siècle, conservé à Oxford dans la bibliothèque Bodléienne — et qui est considéré comme la source unique de tous les autres manuscrits connus. Le texte du *Manuel* avec toutes ses variantes est situé à la fin de l'ouvrage page 5* à 38*. Mais dans la constitution même du manuscrit du *Manuel* (aussi bien que des *Entretiens*) des zones d'ombre demeurent. Que s'est-il passé entre le début du IIème siècle (le témoignage de Marc-Aurèle nous dit clairement qu'il a eu entre les mains le *Manuel* grâce à l'obligeance de son ami stoïcien, et conseiller intime, Junius Rusticus qui l'a sorti de sa propre bibliothèque) et la fin du XIème siècle (date supposée du manuscrit aujourd'hui à Oxford à la bibliothèque Bodléienne.

On sait que le philosophe néo-platicien Simplicius dans son *Commentaire* (rédigé au VIème siècle) modifie pour plus de clarté le découpage des chapitres (ce qui explique les différents modes de découpage que l'on connaît encore d'une édition courante à l'autre). A une date sans doute à peu près analogue, mais dans une aire géographique tout à fait différente (la Palestine et non plus la Grèce) le petit livre d'Epictète est utilisé avec quelques variantes qui christianisent son texte pour servir de règle à des moines (appropriation chrétienne faussement attribuée à Nil d'Ancyre qui vivait vers 300/400).

Toujours est-il qu'on prend généralement aujourd'hui pour base des traductions le texte grec établi par Henri Schenkl qui fournit toutes les variantes...

La traduction française du *Manuel* d'Epictète dans une édition scolaire, au simple titre d'un premier contact philosophique (et non dans une édition savante qui seule permettrait à des connaisseurs du grec ancien de s'initier aux difficultés multiples de la philologie...) ne peut s'embarrasser de toutes ces variantes.

Mais il convient cependant que le lecteur perçoive d'emblée que le texte français qu'il lit n'est pas un texte de tous les jours, mais bien la traduction d'un texte à vocation philosophique. Ce qui demande, malgré une simplicité apparente des propositions d'Epictète qu'un certain effort soit accompli.

Pour marquer cela, nous avons retenu intégralement comme leçon la traduction en français qui avait été donnée par André Dacier en 1715 (réédité en 1790) du texte du *Manuel* et du *Commentaire* de Simplicius (en retranchant bien entendu ici le *Commentaire* quatre ou cinq fois plus long que le *Manuel* proprement dit).

Le caractère déjà un peu ancien de la langue du début du XVIIIème siècle aussi bien en ce qui concerne les tournures du style que le vocabulaire provoque incontestablement un effet de dépaysement et de distance qui oblige à une approche tout à la fois plus poétique et plus attentive. Par contre, nous n'avons pas maintenu le découpage qui était alors proposé : nous nous sommes ralliés à celui qui est admis actuellement et que l'on trouve par exemple dans l'édition d'Epictète de la *Loeb classical Library* ou encore dans la traduction du *Manuel* établie par J. Pépin et que l'on peut lire dans *Les Stoïciens*, Edition de la Pléiade (Gallimard 1962).

Mais une traduction ce n'est pas le texte même, ce n'est qu'une traduction ; elle est donc toujours, selon l'adage, un peu une trahison. D'autant qu'il s'agit ici d'un texte philosophique faisant souvent appel à des notions-clés du système stoïcien. Nous nous sommes efforcés par un jeu de notes en bas de page d'apporter, ici ou là, les éclaircissements souhaitables et même de fournir dans certains cas des variantes de traduction.

Manuel

I

1. De toutes les choses du monde[1], les unes dépendent de nous[2], et les autres n'en dépendent pas[3]. Celles qui en dépendent sont nos opinions[4], nos mouvements[5], nos désirs[6], nos inclinations[7], nos aversions ; en un mot toutes nos actions[8]. Celles qui ne dépendent point de nous, sont le corps, les biens, la réputation, les dignités ; en un mot, toutes les choses qui ne sont pas du nombre de nos actions.

2. Les choses qui dépendent de nous, sont libres[9] par leur nature, rien ne peut ni les arrêter, ni leur faire obstacle ; et celles qui n'en dépendent pas sont faibles[10], esclaves, dépendantes, sujettes à mille obstacles et à mille inconvénients, et entièrement étrangères.

3. Souviens-toi donc que si tu prends pour libres les choses qui de leur nature sont esclaves, et pour tiennes en propre celles qui dépendent d'autrui, tu trouveras partout des obstacles, tu seras affligé, troublé, et tu te plaindras des Dieux et des hommes. Au lieu que si tu prends pour tien ce qui t'appartient en propre, et pour étranger ce qui est à autrui, jamais personne ne te forcera de faire ce que tu ne veux point[11], ni ne t'empêchera de faire ce que tu veux ; tu ne te plaindras de personne ; tu n'accuseras personne ; tu ne feras rien, pas la plus petite chose, malgré toi ; personne ne te fera aucun mal, et tu n'auras point d'ennemi, car il ne t'arrivera rien de nuisible.

---

1. C'est-à-dire tout ce qui existe (en grec : *ton onton*) et pas seulement les choses qui ont avec nous des rapports plus ou moins immédiats.

2. En grec *eph emin* qui signifie : en notre pouvoir, sous notre dépendance, de notre ressort.

3. C'est la reprise, presque mot pour mot, de ce par quoi débutent les *Entretiens*, Livre I, Chap. 1 : "Des choses qui dépendent de nous et de celles qui n'en dépendent pas".

4. En grec *upolexis* qui signifie supposition, croyance et par extension, opinion.

5. Cela traduit le terme grec d'*hormê*, qui signifie élan vers quelque chose, impulsion, tendance purement instinctive (plutôt que vouloir, parfois proposé). Cicéron (*Des Devoirs*, I, XXVIII, 101) traduit ce mot par *appetitus* : appétit.

6. En grec *orexis* : action de tendre vers, désir, mouvement de l'âme vers un bien réel ou supposé. On pourrait également traduire par inclination. Le désir, et son contraire, l'aversion, se rapportent plutôt à un bien et à un mal futurs. Le mouvement vers, et son contraire, l'éloignement, se rapportent plutôt à un bien et à un mal présents.

7. Inclinations. Ce terme ne figure pas dans le texte original. Il a été ajouté par le traducteur pour expliciter le sens de désirs.

8. Au sens de œuvres.

9. Le texte grec dit expressément : *eleutheria* (libre), *acoluta* (sans empêchement), *aparapodista* (sans entrave). Ce sont là les trois caractères du sage stoïcien. Cf. Diogène Laërce, *Vie, Doctrines*, Livre VII, 33. Le sage, en s'attachant aux choses qui dépendent de lui, est libre, sans empêchement, sans entrave.

10. Le mot grec est *asthené*, sans force, faiblesse. Peut se traduire également par fragile. Les choses qui ne dépendent pas de nous échappent à notre volonté libre, elles sont hors de notre pouvoir. L'homme qui s'attacherait à ces choses deviendrait à son tour faible, esclave, dépendant.

11. "Personne ne forcera le sanctuaire de ton âme". Le sage ne doit pas répandre sa vie au dehors, mais au contraire il doit la concentrer en lui-même. Cf. Cicéron, *Des Devoirs*.

4. Puisque tu aspires donc à de si grandes choses[12], souviens-toi que tu ne dois pas travailler médiocrement[13] pour les acquérir. Mais que de toutes les autres choses extérieures, tu dois entièrement renoncer aux unes, et remettre les autres à un autre temps. Car si tu cherches à les accorder ensemble, et que tu poursuives et ces véritables biens, et les richesses et les dignités, tu n'obtiendras peut-être pas même ces dernières, parce que tu as désiré les autres. Mais certainement tu manqueras d'acquérir celles qui peuvent seules faire ta liberté et ta félicité[14].

5. D'abord donc, à chaque imagination[15] fâcheuse sois prêt de dire : *Tu n'es qu'une imagination, et nullement ce que tu parais.* Ensuite examine-la bien, approfondis-la, et pour la sonder, sers-toi des règles[16] que tu as apprises, surtout de la première, qui est de savoir si ce qui te paraît est du nombre des choses qui dépendent de nous, ou de celles qui n'en dépendent point ; et s'il est du nombre de celles qui ne sont pas en notre puissance pense sans balancer qu'il ne te regarde point.

II

1. Souviens-toi[17] que la fin de tes désirs c'est d'obtenir ce que tu désires, et la fin de tes craintes c'est d'éviter ce que tu crains. Celui qui n'obtient pas ce qu'il désire est malheureux, et celui qui tombe dans ce qu'il craint est misérable. Si tu n'as donc de l'aversion que pour ce qui est contraire à ton véritable bien, et qui dépend de toi, tu ne tomberas jamais dans ce que tu crains. Mais si tu crains la mort[18], la maladie ou la pauvreté, tu seras misérable.

2. Transporte donc tes craintes, et fais-les tomber des choses qui ne dépendent point de nous, sur celles qui

---

12. En grec *telikouton*, d'aussi grands biens. Ce sont ceux qui viennent d'être énumérés : personne ne te forcera de faire ce que tu ne veux point, etc...

13. Ce terme *médiocrement*, se traduirait mieux par modération, mesure. Quand il s'agit d'acquérir "d'aussi grands biens" (qui caractérisent la liberté du sage) ce n'est pas avec mesure (*metrios*) qu'il faut agir, mais avec ardeur.

14. Le terme grec est *eudaimonia* qui signifie félicité ou bonheur. L'eudémonisme est la doctrine morale selon laquelle le but de l'action est le bonheur.

15. En grec *phantasia* : pourrait se traduire par idée, ou mieux encore représentation. La *phantasia* chez les stoïciens, n'est point comme chez Aristote l'imagination. C'est l'apparition, l'impression que les objets (sensibles, ou incorporels) font sur nous indépendamment de la réaction qui s'en suit. Cf. Diogène Laërce.

16. En grec *canon* signifie d'abord règle matérielle, puis de manière métaphorique, règle logique. Cf. Diogène Laërce, VII, 42. La logique chez les Epicuriens était d'ailleurs appelée canonique.

17. L'expression "Souviens-toi" (en grec : *Memneso*) est placée à plusieurs reprises, en tête de paragraphes. Cf. II, XV, XVII, XX.
Le *Manuel*, destiné à l'aspirant à la sagesse, constitue un aide-mémoire, autrement dit un *memento*.

18. Cf. Epictète. *Entretiens*, Livre II, Chap. 6 : "Pourquoi, par exemple, les épis naissent-ils ? N'est-ce pas pour mûrir. Et, s'ils mûrissent, n'est-ce pas aussi pour être moissonnés ? (...) Sachez aussi que, pour des hommes, c'est une malédiction que de ne pas mourir ; c'est la même chose que de ne pas venir à maturité, que de ne pas être moissonné" ; cf. *Entretiens*, Livre III, Chap. 26.

en dépendent ; et pour tes désirs, supprime-les entièrement pour l'heure[19]. Car si tu désires quelqu'une des choses qui ne sont pas en notre pouvoir, tu seras malheureux nécessairement ; et pour les choses qui sont en notre pouvoir, tu n'es pas encore en état de connaître celles qu'il est bon[20] de désirer. En attendant donc que tu y sois, contente-toi de rechercher et de fuir ce qui se présente, mais doucement, toujours avec exception[21] et sans te hâter[22].

III

Sur chacune des choses qui te divertissent[23], qui servent à tes usages, ou que tu aimes, souviens-toi de te dire à toi-même ce qu'elles sont véritablement, en commençant par les plus petites. Si tu aimes un pot de terre[24], dis-toi que tu aimes un pot de terre ; car ce pot venant à se casser, tu n'en seras point troublé. Si tu aimes ton fils ou ta femme, dis-toi à toi-même que tu aimes un homme mortel[25], car s'il vient à mourir, tu n'en seras point troublé.

IV

Quand tu vas faire quelque chose que ce soit, remets-toi un peu dans l'esprit auparavant quelle action c'est que tu vas faire ; si tu vas te baigner, représente-toi ce qui se passe d'ordinaire dans les bains, qu'on s'y jette de l'eau, qu'on s'y pousse, qu'on y dit des injures, qu'on y vole, etc... ; tu iras ensuite plus sûrement[26] à ce que tu veux faire, si tu te dis auparavant je veux me

---

19. C'est-à-dire : pour l'instant. Épictète s'adresse ici non pas au sage mais à l'aspirant à la sagesse (celui qui cherche à progresser vers la sagesse). En attendant d'être capable de discerner ce qui dépend de lui de ce qui n'en dépend pas, l'aspirant à la sagesse devra supprimer tout désir.

20. Le texte grec dit *kalon*, c'est-à-dire beau. Mais dans la tradition grecque, héritée de Platon, beau et bon se confondent.

21. Avec réserve. Le philosophe se doit d'agir avec réserve, car il doit se résigner d'avance à des contretemps toujours possibles. C'est la condition de la tranquillité de l'âme.

22. Avec modération.

23. Il s'agit des objets qui "attirent" l'âme.

24. En grec *xytran*, c'est-à-dire vase d'argile à deux anses. Une lecture métaphorique permet d'entendre le vase, comme corps réceptacle d'une âme. Cf. Cicéron, *Tusculanes* I, 22 : "Le corps est comme un vase, qui reçoit l'âme".

25. *Anthropon*, non pas un homme mais un être humain, c'est-à-dire un être mortel. Cf. Épictète *Entretiens*, Livre III, Chap. 24 : "Donne-toi toi-même cet avertissement : tu embrasses quelque chose qui n'est pas à toi, quelque chose qui t'a été donné pour un moment... Il en est de cet être comme des figues et des raisins qui te sont donnés à un moment précis de l'année et que tu serais fou de désirer pendant l'hiver".

26. En grec *asphaleïa*, assurance. Cette notion s'oppose à *l'asthenia* la faiblesse, la fragilité. Cf. note 10. Pour Épictète, l'homme qui veut être sage doit s'exercer pour progresser. Il doit 1) résoudre la question des passions ; 2) mais savoir maintenir des rapports sociaux avec autrui ; 3) être capable en chaque occasion d'examiner les représentations qui viennent à son esprit pour leur donner (ou non) son assentiment. Cf. Épictète *Entretiens*, Livre III, Chap. 2, 5 : "Le troisième sujet sert à ceux qui sont déjà en progrès ; il concerne l'assurance que, même dans leur sommeil, dans l'ivresse ou dans la mélancolie, aucune des représentations qui se présentent à l'esprit ne leur échappe sans avoir été examinée".

baigner, mais je veux aussi conserver ma liberté[27] et mon indépendance, véritable apanage de ma nature[28] ; et de même sur chaque chose qui arrivera ; car par ce moyen, si quelque obstacle t'empêche de te baigner, tu auras en main ce remède, qui est de dire, je ne voulais pas seulement me baigner, mais je voulais aussi conserver ma liberté et mon indépendance[29], et je ne la conserverais point si je me fâchais.

V

Ce qui trouble les hommes[30], ce ne sont pas les choses[31], mais les opinions[32] qu'ils en ont. Par exemple, la mort n'est point un mal car si elle en était un, elle aurait paru telle à Socrate[33] ; mais l'opinion qu'on a de la mort *qu'elle est un mal*, voilà le mal[34]. Lors donc que nous sommes traversés, troublés ou tristes n'en accusons point d'autres que nous-mêmes, c'est-à-dire, nos opinions. Accuser les autres de ses malheurs, cela est d'un ignorant ; n'en accuser que soi-même, cela est d'un homme qui commence à s'instruire ; et n'en accuser ni soi-même ni les autres, cela est d'un homme déjà instruit.

---

27. En grec : *prohairésis*. Désigne le choix réfléchi, qui se rapporte aux choses qui dépendent de nous. Dans la tradition aristotélicienne le terme est à distinguer de la *boulésis* qui désigne la simple volonté. Dans les *Entretiens*, Livre II, Chap. 23 Epictète subordonne toutes les facultés à la faculté supérieure qu'est la volonté réfléchie (ou volonté libre).

28. C'est-à-dire en accord avec la nature. C'est un thème dominant du stoïcisme. Cf. Diogène Laërce, Livre VII, 87-89 : "C'est pourquoi Zénon le premier, dans son traité *De la nature de l'homme* dit que la fin est de "vivre conformément à la nature", c'est-à-dire selon la vertu. La nature, en effet, nous conduit à la vertu ; se prononcent dans le même sens Cléanthe (*Du Plaisir*), Posidonius et Hecaton (*Des Fins*). D'autre part "vivre selon la vertu" veut dire la même chose que "vivre selon l'expérience des événements qui arrivent selon la nature" comme dit Chrysippe au premier livre *Des Fins* ; car notre nature est partie de celle de l'univers.

29. Se traduirait également par : "je voulais aussi garder ma volonté en accord avec la nature".

30. Epictète met ses disciples en garde contre le trouble (*taraxé*). La vie du sage parvenu au sommet de la perfection consiste, dans l'exercice toujours raisonnable de son activité libre à jouir d'une constante et complète ataraxie.

31. Par choses (*ta pragmata*) il faut entendre les choses en général ; les objets, les événements, etc...

32. Cf. Sénèque, *Lettres à Lucilius*, Lettre 78 : "Tout est à la merci du préjugé. L'ambition, la mollesse, l'avarice ne sont pas seules à lui demander le mot d'ordre : nous conformons au préjugé notre façon de souffrir ; chacun est misérable dans la mesure où il croit l'être".

33. Voir l'allocution de Socrate à ses juges, alors qu'il vient d'être condamné à mort (Platon, *Apologie de Socrate*, 41d) : "Cette confiance à l'égard de la mort, juges, vous devez l'éprouver comme moi, si vous prenez conscience seulement de cette vérité, qu'il n'y a pas de mal possible pour l'homme de bien, ni dans cette vie, ni au-delà".

34. Cf. Sénèque, *Lettres à Lucilius*, Lettre 78 : "Ce que je te prescris, moi, c'est ce qui est spécifique non seulement de ton mal actuel, mais de la vie entière, méprise la mort. Rien n'est pénible, dès qu'on n'est plus à merci de la craindre".

VI

Ne te glorifie jamais d'aucun avantage étranger[35] ; si un cheval, en se vantant, disait : *je suis beau*, cela serait supportable ; mais toi, quand tu dis, en te glorifiant, *j'ai un beau cheval*, sache que c'est d'avoir un beau cheval que tu te glorifies. Qu'y-a-t-il donc là qui soit à toi ? L'usage que tu fais de ton imagination[36]. C'est pourquoi lorsque, dans l'usage que tu feras de ton imagination, tu suivras la nature, alors tu pourras te glorifier ; car tu te glorifieras d'un bien qui est à toi.

VII

Comme dans un voyage de long cours, si ton vaisseau[37] entre dans un port, tu sors pour aller faire de l'eau, et, chemin faisant, tu peux amasser un coquillage, un champignon ; mais tu dois avoir toujours ta pensée à ton vaisseau, et tourner souvent la tête, de peur que le patron ne t'appelle ; et, s'il t'appelle, il faut jeter tout et courir, de peur que si tu fais attendre on ne te jette dans le vaisseau pieds et poings liés comme une bête ; il en est de même dans le voyage en cette vie ; si au lieu d'un coquillage ou d'un champignon, on te donne une femme, un enfant, tu peux les prendre ; mais si le patron t'appelle, il faut courir au vaisseau et tout quitter, sans regarder derrière toi. Que si tu es vieux, ne t'éloigne pas trop du navire, de peur que le patron venant à t'appeler tu ne sois pas en état de le suivre.

VIII

Ne demande point que les choses arrivent comme tu les désires, mais désire qu'elles arrivent comme elles arrivent[38], et tu prospéreras toujours.

---

35. Cf. Sénèque, *Lettres à Lucilius*, Lettre 41 : "On ne doit tirer gloire que de ce qui est bien à soi. (...) (L'homme) a un beau personnel d'esclaves, une belle maison, des terres étendues, des capitaux productifs : rien de ceci n'est en sa personne, mais à l'entour de sa personne. Vante chez lui, ce qui ne peut être ni ravi, ni donné ; ce qui est le propre de l'homme.
Son propre, demandes-tu, quel est-il ?
L'âme et, dans l'âme, une raison parfaite."

36. Il s'agit de l'usage des représentations (*phantasia*). Cf. Epictète, *Entretiens*, Livre III, Chap. 3,1-2 : "La fonction de l'homme moralement bon, c'est d'user de ses représentations conformément à la nature. Toute âme incline naturelllement au vrai, répugne au faux, suspend son jugement sur le douteux. De même, elle a un penchant pour le bien, de l'aversion pour le mal, de l'indifférence pour ce qui n'est bien ni mal."

37. Comparer la vie à la traversée d'un bateau est fréquent dans la philosophie grecque. Cf. Platon, *Phédon*, 85 d. De même le rapport de l'âme au corps est comparable à celui du pilote à son navire. Cf. Plotin, *Ennéades*, Livre I, Chap. A, 3. Cf. Epictète, *Entretiens*, Livre III, Chap. 24, 33-34.

38. Cf. Platon, *Lois*, Livre III 687 e. Dans le dialogue avec l'Athénien, Mégillos déclare : "C'est, me semble-t-il, qu'il ne faut pas demander instamment que tout obéisse à notre désir, sans que notre désir obéisse davantage à notre raison ; mais ce qu'une cité et chacun de nous doivent hâter de leurs vœux, c'est d'être raisonnables".
Dans Epictète, *Entretiens*, Livre I, Chap. 12 : "Puisque l'homme libre est celui à qui tout arrive comme il le désire, me dit un fou, je veux aussi que tout m'arrive comme il me plaît.
— Eh ! mon ami, la folie et la liberté ne se trouvent jamais ensemble. (...) La liberté consiste à vouloir que les choses arrivent, non comme il te plaît, mais comme elles arrivent".

IX

La maladie est un empêchement du corps[39] et nullement de la volonté, à moins qu'elle ne le veuille. *Je suis boîteux*, voilà un empêchement pour mon pied ; mais pour ma volonté, point du tout. Sur tous les accidents[40] qui t'arriveront, dis-toi la même chose ; car tu trouveras que c'est toujours un empêchement pour quelqu'autre chose et non pas pour toi.

X

Sur chacun des objets qui se présentent[41], souviens-toi de rentrer en toi-même, et d'y chercher quelle vertu[42] tu as pour bien user[43] de cet objet. Si tu vois un beau garçon ou une belle fille tu trouveras contre ces objets une vertu, qui est la continence[44] ; si c'est quelque peine, quelque travail, tu trouveras le courage[45] ; si ce sont des injures, des affronts, tu trouveras la résignation et la patience. Si tu t'accoutumes ainsi à déployer sur chaque accident, la vertu[46] que la nature t'a donnée pour le combattre, jamais tes imaginations[47] ne t'emporteront.

XI

Ne dis jamais sur quoi que ce puisse être, *j'ai perdu cela* ; mais, *je l'ai rendu*. Ton fils est mort ? tu l'as rendu. Ta femme est morte ? tu l'as rendue. Ta terre t'a été ôtée ? voilà encore une restitution que tu as faite. Mais celui qui te l'a ôtée est un méchant. Que t'importe par les mains de qui celui qui te l'a donnée à voulu la retirer ? Pendant qu'il te la laisse, uses-en comme d'une chose qui ne t'appartient point, et comme les voyageurs usent des hôtelleries[48].

---

39. Cf. Sénèque, *Lettres à Lucilius*, (Lettre 78) : "Mais, dit-on, la maladie ne me permet de rien faire : elle me retient loin de tous mes devoirs". C'est ton corps qui est atteint, non du même coup ton âme. La maladie arrête le pied du coureur ; elle paralyse la main du cordonnier ou du taillandier. Mais si tu as coutume de faire emploi de ton esprit, tu continueras d'enseigner, d'écouter, d'apprendre, d'interroger, de te ressouvenir".

40. Aussi bien accident qu'incident. Au sens de "ce qui arrive".

41. Au sens de "tout ce qui arrive".

42. Au sens de "faculté". Le mot grec *dunamin* signifie puissance. Elle est à distinguer de l'*energia* qui désigne une puissance en activité.

43. Notre responsabilité porte, en effet, non sur les événements eux-mêmes, mais sur l'usage que nous en faisons.

44. En grec *ekrateïa*. C'est une vertu "qui nous met au-dessus des choses dont il semble dificile de s'abstenir" Sextus Empiricus, *Adversus Mathematicos*, IX, 153-154.

45. En grec : *karterian* : endurance. C'est une vertu "qui nous met au-dessus des choses qui semblent difficiles à supporter". Sextus Empiricus, *Adversus Mathematicos*, IX, 153-154.

46. La faculté.

47. Représentations

48. Cf. Epictète, *Entretiens*, Livre II, Chap. 23 : "Homme, tu as oublié ce que tu voulais faire ; ce n'est pas là que tu allais : tu ne faisais qu'y passer. — Mais c'est une bien jolie hôtellerie ! — Combien il y en a d'autres qui sont jolies ! Et combien de prairies ! Mais ce n'était là pour toi que des lieux de passage".

XII

1. Si tu veux avancer[49] dans l'étude de la sagesse, laisse là tous ces raisonnements ; *si je néglige mes affaires, je serai bientôt ruiné et je n'aurai pas de quoi vivre ; si je ne châtie mon valet[50], il deviendra méchant* ; car il vaut mieux mourir de faim, après avoir banni les soucis et les craintes, que de vivre dans l'abondance avec inquiétude et chagrin[51] ; il vaut mieux que ton valet soit méchant que si tu te rendais misérable.

2. Commence donc par les petites choses[52] : on a versé ton huile, on t'a dérobé ton vin[53] ? dis sur tout cela, c'est à ce prix qu'on vend la tranquillité[54], c'est à ce prix qu'on vend la liberté[55], on n'a rien pour rien. Quand tu appelleras ton valet, pense qu'il peut ne te pas entendre, et que t'ayant entendu, il peut ne rien faire de ce que tu lui as commandé. Mais, diras-tu, mon valet se trouvera fort mal de ma patience, et deviendra incorrigible : oui, mais tu t'en trouveras fort bien, puisque par son moyen tu apprendras à te mettre hors d'inquiétude et de trouble.

XIII

Si tu veux avancer dans l'étude de la sagesse, ne refuse point sur les choses extérieures de passer pour imbécile et pour insensé. Ne cherche point à passer pour savant[56], et si tu passes pour un personnage dans l'esprit de quelques-uns, défie-toi de toi-même ; car sache qu'il n'est pas facile de conserver ta volonté conforme à la nature[57], et les choses du dehors[58], mais il faut de toute nécessité qu'en t'attachant à l'un tu négliges l'autre.

---

49. Au sens de faire des progrès dans la sagesse. (*Prokophai*). C'est un terme propre à la philosophie stoïcienne. L'aspirant à la sagesse est un homme qui, pour arriver au but, doit se frayer, à travers les difficultés, son propre chemin vers la perfection. A cette condition, il progresse et ce progrès, dans la langue du Portique, s'appelle procopé.

50. Au sens d'esclave.

51. Le mouvement de l'âme adhère au présent ou se laisse emporter par le futur. Lorsque l'objet des passions mauvaises porte sur le présent nous avons à faire avec le chagrin ; lorsque l'objet porte sur le futur nous avons à faire avec la crainte.

52. Cf. *Entretiens*, Livre III, Chap. 10-16 : "Ce n'est point, en effet l'affaire du philosophe de sauvegarder tous ces objets extérieurs : sa petite provision de vin ou d'huile, son misérable corps... (...) y-a-t-il donc encore lieu de s'effrayer ? Y-a-t-il donc encore lieu de s'irriter ? Y-a-t-il lieu de craindre quand il s'agit d'objets étrangers, d'objets sans valeur ?"

53. Pour cette huile et ce vin Epictète emploie à chaque fois un diminutif qui pourrait se rendre par : méchante huile, mauvais vin.

54. La tranquillité traduit le terme grec d'*apatheïa*, pourrait se rendre aussi par impassibilité. L'apathie du sage signifie qu'il ne se laisse pas entraîner, qu'il est exempt de toute chute.

55. Le texte grec dit ici *ataraxia*. Pourrait se traduire par calme de l'âme, par sérénité (et consiste à ne rien craindre ni désirer).

56. Plus simplement : pour savoir quelque chose.

57. C'est vivre en harmonie, en conformité, avec la nature. Cf. Diogène Laërce : "Zénon a dit que la fin était de vivre conformément à la nature".

58. Sous-entendu : tout en te souciant des choses du dehors.

XIV

1. Si tu veux que tes enfants, que ta femme et que tes amis vivent toujours, tu es fou ; car c'est vouloir que les choses qui ne dépendent point de toi, en dépendent, et que ce qui est à autrui soit à toi[59]. De même si tu veux que ton valet ne fasse jamais de fautes, tu es fou ; car c'est vouloir que le vice ne soit plus vice, mais quel qu'autre chose. Veux-tu n'être pas frustré de tes désirs? tu le peux ; ne désire que ce qui dépend de toi[60].

2. Le véritable maître de chacun de nous est celui qui a le pouvoir de nous donner ou de nous ôter ce que nous voulons ou ne voulons pas. Que tout homme donc, qui veut être libre[61], ne veuille et ne fuie rien de tout ce qui dépend des autres, sinon il sera esclave néces-sairement.

XV

Souviens-toi que tu dois te conduire dans la vie comme dans un festin. Un plat est-il venu jusqu'à toi ? Etendant ta main avec décence, prends-en modestement. Le retire-t-on ? Ne le retiens point. N'est-il point encore venu ? N'étends point loin ton désir, mais attends qu'il arrive enfin de ton côté. Uses-en de même avec des enfants, avec une femme, avec les charges et les dignités, avec les richesses, et tu seras digne d'être admis à la table même des Dieux. Que si quand on te les présentera, tu ne les prends point, et que tu les rejettes et les méprises, alors tu ne seras pas seulement le convive des Dieux[62], mais leur collègue, et tu règneras avec eux[63] ; car c'est par là que Diogène[64], Héraclite[65] et quelques autres ont été justement des hommes divins, et reconnus pour tels de tout le monde.

---

59. A la distinction des choses qui dépendent de nous, et des choses qui ne dépendent pas de nous correspond la distinction des choses "qui sont tiennes", et des choses "qui sont étrangères à toi".

60. Le désir (avec la tendance et l'opinion) fait partie de "ce qui dépend de nous". Cf. *Manuel* I.

61. La liberté, pour les stoïciens, est le pouvoir d'agir par soi-même. L'esclavage est privation de la liberté. Cf. Diogène Laërce : "La liberté n'est pas autre chose en effet que la possibilité d'agir d'après sa volonté, et l'esclavage est la privation de cette liberté".

62. "S'asseoir à la table des dieux" est une expression consacrée. Etre later commensal c'est le plus grand honneur auquel on peut être appelé. Ainsi en fut-il de Tantale, vieille divinité de la montagne "admis à l'honneur de partager la table des dieux en égal" (Euripide, *Oreste* 9), mais qui fut puni de n'avoir point su y demeurer silencieux...

63. Cf. Sénèque, *Lettres à Lucilius* (Lettre 53). Faisant en détail l'apologie de la philosophie, Sénèque affirme que grâce à elle "Tu dépasseras de beaucoup toutes les créatures mortelles ; les dieux ne te dépasseront pas de beaucoup. (...) Le sage est aussi à l'aise dans son existence que Dieu dans la suite des siècles. Et il est un point où le sage surpasse Dieu : celui-ci doit à sa nature de ne pas connaître la crainte ; notre sage le doit à lui-même. Quelle grande chose, de joindre à la faiblesse d'un mortel la tranquillité d'un Dieu !"

64. Diogène Le Cynique (vers 404-323 av. J.-C.), philosophe grec socratique, évoqué par les Stoïciens comme un des ancêtres de leur école.

65. Héraclite d'Ephèse (vers 545-480 av. J.-C.) Le feu est pour lui l'élément primitif de la matière. C'est lui qui préside aux transformations incessantes de la nature.

XVI

Quand tu vois quelqu'un dans le deuil, et fondant en larmes, pour la mort, ou pour le départ de son fils, ou pour la perte de quelque bien, prends garde que ton imagination[66] ne t'emporte et ne te séduise, en te persuadant que cet homme est dans de véritables maux, à cause de ces choses extérieures, et fais en toi-même cette distinction, que ce qui l'afflige, ce n'est point l'accident qui lui est arrivé, car un autre n'en est point ému, mais l'opinion qu'il en a. S'il est pourtant nécessaire, ne refuse point de pleurer avec lui, et de compatir à sa douleur par tes discours, mais prends garde que ta compassion ne passe au-dedans[67], et que tu ne sois affligé véritablement.

XVII

Souviens-toi que tu es acteur[68] dans la pièce[69] où le maître[70] qui l'a faite a voulu te faire entrer, soit longue ou courte. S'il veut que tu joues le rôle d'un mendiant, il faut que tu le joues le mieux qu'il te sera possible[71]. De même s'il veut que tu joues celui d'un boiteux, celui d'un Prince, celui d'un particulier ; car c'est à toi de bien jouer le personnage qui t'a été donné ; mais c'est à un autre à te le choisir.

XVIII

Lorsque le corbeau[72] jette un croassement de mauvaise augure, que ton imagination ne t'emporte point ; mais d'abord fais cette division en toi-même[73], et dis, aucun des malheurs présagés par cet augure ne me regarde, mais il regarde ou mon chétif corps, ou mon petit bien, ou ma petite réputation, ou mes enfants, ou ma femme ; et pour moi il n'y a que d'heureux présages si je veux ; car quoi qu'il arrive, il dépend de moi d'en tirer un fort grand bien.

---

66. "Prends garde que ton imagination ne t'emporte pas". On retrouve ce conseil à plusieurs reprises dans le *Manuel* : 10, 18, 19, 20.

Imagination traduit ici le terme grec de *phantasia*, représentation, jugement.

67. "Prends garde de gémir aussi intérieurement".

68. L'idée selon laquelle l'homme serait un acteur (en grec : *hypocritès*) est familière aux moralistes. Cf. Cicéron, *Les Devoirs* (XXX-107) : "Il faut encore comprendre que la nature nous a fait endosser en quelque sorte deux personnages", l'un qui est commun à tous (du fait que nous participons tous à la raison), l'autre qui nous est attribué à chacun personnellement (compte-tenu de la diversité d'un homme à un autre).

69. Traduit le terme grec *dramatos*, au sens d'action théâtrale.

70. Traduit *didaskalos*, le maître, l'instructeur ; mais c'est aussi ici la divinité.

71. Cf. Marc-Aurèle, *Pensées*, Livre XII 36 : "Qu'y-a-t-il donc de terrible, si tu es renvoyé de la cité, non par un tyran ou par un juge inique, mais par la nature qui t'y a fait entrer ? C'est comme si le préteur congédiait de la scène l'acteur qu'il avait engagé. — Mais je n'ai pas joué les cinq actes, trois seulement — Tu les as bien joués ; mais dans la vie, trois actes font un drame tout entier".

72. Le corbeau était chez les Romains un des oiseaux à présage ; bon présage si son cri se faisait entendre au levant, mauvais présage s'il venait du couchant.

73. Opérer cette division c'est faire la distinction entre les choses qui dépendent de moi et les choses qui ne dépendent pas de moi. Cf. *Entretiens*, Livre II, Chap. 5 ; 4 : "Ainsi dans la vie, voilà l'essentiel de ce que tu as à faire : divise et distingue bien les choses ; dis : les choses extérieures ne dépendent pas de moi ; ma volonté dépend de moi".

XIX

1. Tu peux n'être jamais vaincu si tu n'entreprends jamais aucun combat où il ne dépende pas absolument de toi de vaincre.

2. Prends bien garde qu'en voyant quelqu'un comblé d'honneurs, ou élevé à une grande puissance, ou florissant de quelqu'autre manière que ce soit, prends bien garde, dis-je, qu'emporté et séduit par ton imagination, tu ne le trouves heureux ; car si l'essence[74] du véritable bien consiste dans les choses qui dépendent de nous, ni l'envie, ni l'émulation[75], ni la jalousie[76] n'auront plus de lieu, et toi-même, tu ne voudras être ni général d'armée[77], ni sénateur[78], ni consul[79], mais libre ; et il n'y a pour cette liberté qu'un chemin, le mépris des choses qui ne dépendent point de nous.

XX

Souviens-toi que ce n'est ni celui qui te dit des injures, ni celui qui te frappe[80], qui te maltraitent, mais c'est l'opinion que tu as d'eux, et qui te les fait regarder comme des gens dont tu es maltraité. Quand quelqu'un donc te chagrine et t'irrite, sache que ce n'est pas cet homme-là qui t'irrite, mais ton opinion. Sur toutes choses tâche donc d'empêcher que ton imagination ne t'emporte ; car si une fois tu gagnes du temps et quelque délai[81], tu seras plus facilement maître de toi-même.

---

74. Traduit le terme grec d'*ousia*. Cf. Epictète, *Entretiens*, Livre II, Chap. 8 : l'essence du bien est à chercher dans la conscience réfléchie de l'usage des représentations (l'homme a cette conscience réfléchie, l'animal n'a que l'usage des représentations sans en avoir la conscience réfléchie).

75. "Ni l'émulation" ne figure pas dans le texte grec ; a été ajouté par le traducteur.

76. Cf. Epictète, *Manuel*, XII. Il y est fait allusion au chagrin (*lypê*), l'une des quatre passions fondamentales (plaisir, désir ; chagrin, pitié). L'envie (chagrin provoqué par le bien des autres) et la jalousie (chagrin de voir autrui posséder ce que nous possédons nous-même) sont des formes du chagrin.

77. Traduit le mot grec *strategos*. C'est le titre que porte le premier magistrat de quelques villes grecques.

78. Traduit le terme grec *prytane*. Les prytanes sont les magistrats suprêmes de l'ordre politique et judiciaire dans plusieurs villes de Grèce. Au nombre de cinquante, ils sont pris au sort parmi les cinq cents sénateurs et exercent un service actif de cinq semaines.

79. Ce sont les magistrats suprêmes élus parmi les citoyens pour veiller (*consulere*) aux intérêts de l'Etat.

80. Cf. Epictète, *Entretiens*, Livre IV, Chap. 5 (sur le thème : le sage n'est jamais malheureux) "— Un tel t'a injurié. — Grand merci qu'il ne m'ait pas frappé. — Mais il t'a frappé aussi — Grand merci qu'il ne m'ait pas blessé. — Mais il t'a blessé aussi. — Grand merci qu'il ne m'ait pas tué".

81. La démarche suggérée par Epictète est double :
1. pour combattre la passion il faut supprimer l'opinion fausse ("empêcher que ton imagination ne t'emporte")
2. mais si cela est trop tard et que le trouble provoqué par la passion est présent, il faut temporiser pour en briser l'élan ("tu gagnes du temps et quelque délai").

XXI

Que la mort et l'exil, et toutes les autres choses qui paraissent terribles, soient tous les jours devant tes yeux, particulièrement[82] la mort[83], et tu n'auras jamais de pensée basse, et tu ne désireras rien avec trop d'ardeur.

XXII

Tu peux devenir philosophe, prépare-toi dès là à être moqué[84], et fais ton compte que le peuple te sifflera[85] et dira : *ce philosophe nous est venu*[86] *en une nuit : d'où lui vient cet air arrogant* ? Pour toi, n'aie point ce sourcil superbe, mais attache-toi fortement aux maximes qui t'ont paru les meilleures et les plus belles[87], et souviens-toi que si tu y demeures ferme[88], ceux mêmes qui se sont d'abord moqués de toi, t'admireront ensuite ; au lieu que si tu cèdes à leurs insultes, tu en seras doublement moqué[89].

XXIII

Si jamais il t'arrive de regarder dehors[90] pour vouloir plaire à quelqu'un, sache que tu es déchu de ton état[91]. Qu'il te suffise donc, en tout et partout, d'être philosophe ; et si tu veux le paraître, contente-toi, l'étant, de le paraître à tes yeux, et cela suffit.

---

82. "mais plus que tout, la mort".

83. Cf. Epictète, *Entretiens*, Livre II, Chap. 1, 17: "Qu'est-ce que la mort ? Un croquemitaine : retournez le masque et sachez-le ; voyez ! il ne mord pas. Le corps doit se séparer de l'esprit, ou maintenant ou plus tard, comme il en a déjà été séparé".

84. Ces moqueries peuvent avoir un effet positif. Cf. Epictète, *Entretiens*, Livre III, Chap. 14 ; 3 : "Laisse-toi parfois railler, regarde bien et rentre en toi-même afin de savoir qui tu es".

85. Sur tout ce passage cf. Sénèque, *De la Constance du sage*, plus particulièrement *in fine*. Aux "imparfaits" (les aspirants à la sagesse) qui se guident encore sur le jugement commun, "il faut proposer de s'habituer à vivre au milieu des injures et des insultes, les accidents sont toujours plus supportables quand on s'y attend". Quant au sage, lui, il n'est plus en pleine action, "la victoire est déjà acquise"

86. Au sens de "revenu". Il était en effet conseillé à l'apprenti-philosophe, pour l'aider à rompre ses habitudes, de quitter sa patrie. Cf. Epictète, *Entretiens*, Livre III, Chap. 16 ; 11 : "C'est pourquoi les philosophes conseillent même de quitter sa patrie, parce que les vieilles habitudes nous entraînent, sans permettre à une autre habitude de commencer".

87. Ici le texte grec comporte un passage omis dans la traduction : "avec la conviction que Dieu t'a désigné pour ce poste".

88. Cf. Sénèque, *De la Constance du sage* : "Même si vous êtes serrés de près, si vous êtes bousculés par la violence de vos enemis, il est honteux de céder: gardez le poste qui vous est assigné par la nature. Quel est ce poste, demandez-vous ? Celui d'un homme". Au-delà du précepte valable pour l'aspirant à la sagesse, il y a ici l'apologie de la constance du sage.

89. D'abord pour la lâcheté, ensuite pour l'inconstance.

90. Te tourner vers le dehors, c'est-à-dire ce qui n'est pas toi, les choses extérieures.

91. Au mot à mot, d'après le texte grec : tu as perdu ta ligne de conduite.

XXIV

1. Que ces sortes de pensées[92] et de raisonnements ne te troublent point : *je serai méprisé ; je ne serai rien dans le monde* ; car si le mépris est un mal, tu ne peux être dans le mal par le moyen d'un autre, non plus que dans le vice. Dépend-il de toi d'avoir les premières charges ? Dépend-il de toi d'être appelé à un festin ? Nullement. Comment se peut-il donc que ce soit encore là un mépris et un déshonneur pour toi ? Comment se peut-il que tu ne sois rien dans le monde, toi qui ne dois être quelque chose que dans ce qui dépend de toi, et en quoi tu peux te rendre très considérable ?

2. *Mais tes amis seront sans aucun secours de ta part* ? Qu'est-ce à dire *sans aucun secours* ? Tu ne leur donneras point d'argent ? Tu ne les feras pas citoyens romains ? Qui t'a donc dit que ces choses sont du nombre de celles qui sont en notre pouvoir, et qu'elles n'appartiennent pas à d'autres qu'à nous ? Et qui est-ce qui peut donner aux autres, ce qu'il n'a pas lui-même ? *Amasse du bien* dit-on, *afin que nous en ayons aussi*.

3. Si je puis en avoir en conservant la pudeur, la modestie, la fidélité, la magnanimité, montrez-moi le chemin qu'il faut prendre pour devenir riche, et je le serai ; mais si vous voulez que je perde mes véritables biens[93], afin que vous en acquériez de faux, voyez vous-mêmes combien vous tenez la balance inégale, et à quel point vous êtes ingrats et inconsidérés. Qu'aimez-vous mieux, ou de l'argent, ou un ami sage et fidèle ? Ah ! aidez-moi plutôt à acquérir ces vertus, et n'exigez point que je fasse des choses qui me les feraient perdre.

4. *Mais*, diras-tu encore, *ma patrie ne recevra de moi aucun service*. Quels services ? Elle n'aura pas par ton moyen des portiques ? Elle n'aura pas des bains ? Eh ! Qu'est-ce que cela ? Elle n'aura pas non plus des souliers par le moyen d'un forgeron, ni des armes par le moyen d'un cordonnier. Or, il suffit que chacun remplisse son état et fasse son ouvrage. Mais si tu donnais à ta patrie un autre citoyen sage, modeste et fidèle, ne lui rendrais-tu aucun service ? Certainement tu lui en rendrais un, et un fort grand ; tu ne lui serais donc pas inutile.

5. *Quel rang aurai-je donc dans la ville* ? Celui que tu pourras y avoir en te conservant fidèle et modeste. Que

---

92. Il s'agit du mot grec *dialogismoï* qui suggère l'idée d'un dialogue intérieur.

93. Cf. Epictète, *Entretiens*, Livre I, Chap. 28 : "Si on ne laisse pas se corrompre la pudeur, la loyauté, l'intelligence, c'est alors l'homme, lui-même, qui est sauvegardé. Mais si quelqu'une de ces qualités vient à périr on est forcé de capituler, alors l'homme, lui aussi périt. Voilà en quoi consiste la grandeur". Ce sont ces qualités, ces biens qui différencient l'homme de l'animal.

si voulant la servir, tu perds ces vertus, quels services tirera-t-elle désormais de toi, quand tu seras devenu impudent et perfide[94] ?

XXV

1. Quelqu'un t'a été préféré dans un festin, dans un conseil, dans une visite. Si ce sont des biens que ces préférences, tu dois te réjouir de ce qu'ils sont arrivés à ton prochain. Et si ce sont des maux, ne t'afflige point de ce que tu en es exempt ; mais souviens-toi qu'il ne se peut qu'en ne faisant pas, pour acquérir ce qui ne dépend point de nous, les mêmes choses que font ceux qui l'obtiennent, tu en sois également partagé.

2. Car comment celui qui ne va jamais à la porte d'un grand seigneur en sera-t-il aussi bien traité que celui qui ne l'accompagne[95] point quand il sort, que celui qui l'accompagne ? celui qui ne le flatte, ni le loue, que celui qui ne cesse de le flatter et de le louer ? Tu es donc injuste et insatiable si, ne donnant point les choses avec lesquelles on achète toutes ces faveurs, tu veux les avoir pour rien.

3. Que vend-on les laitues au marché ? Une obole[96]. Si ton voisin donne donc une obole, et emporte sa laitue, et que toi, ne donnant point ton obole, tu t'en retournes sans laitue, ne t'imagine point avoir moins que lui ; car s'il a sa laitue, tu as aussi ton obole que tu n'as pas donnée.

4. Il en est de même ici. Tu n'as pas été invité à un festin ? aussi n'as-tu pas donné au maître du festin le prix auquel il le vend. Ce prix, c'est une louange[97], une visite, une complaisance, une dépendance. Donne donc le prix, si la chose t'accommode. Et si sans donner le prix, tu veux avoir la marchandise, tu es insatiable et injuste. Mais n'as-tu rien qui puisse tenir la place de ce festin où tu n'as point été ?

5. Tu as certainement quelque chose qui vaut mieux que le festin, c'est de n'avoir pas loué celui que tu n'aurais pas voulu louer, et de n'avoir pas souffert à sa porte son orgueil et son insolence[98].

---

94. Au sens de déloyal.

95. Au sens de "marche à côté de lui". Cela s'applique au client qui marche à côté de son patron. C'était à Rome la coutume que les personnages de marque lorsqu'ils se rendaient au forum fussent accompagnés par un cortège de clients et d'amis.

96. Pour être plus près du texte il faudrait traduire : supposons que ce soit une obole. Il s'agit évidemment d'une toute petite somme.

97. Au sens de flatterie.

98. Traduction plus proche du texte : essuyer les insolences des esclaves qui gardent l'entrée de sa maison.

XXVI

Nous pouvons apprendre l'intention[99] de la nature par les choses sur lesquelles nous ne sommes pas en différend entre nous[100] ; par exemple, lorsque le valet[101] de ton voisin a cassé une coupe, ou quelqu'autre chose, tu ne manques pas de dire d'abord pour le consoler, que c'est un accident très ordinaire. Sache donc que quand on cassera une coupe à toi, il faut que tu sois aussi tranquille que tu étais quand celle de ton voisin a été cassée. Transporte cette maxime aux choses plus importantes. Quand le fils ou la femme d'un autre meurt, il n'y a pas un homme qui ne dise[102], que cela est attaché à l'humanité. Mais quand le fils ou la femme de ce même homme viennent à mourir, d'abord on n'entend que pleurs, que cris, que gémissements, *que je suis malheureux ! Je suis perdu.* Il fallait te souvenir de l'état où l'on avait été quand on avait appris les mêmes accidents arrivés aux autres.

XXVII

Comment on ne met pas un but[103] pour le manquer, de même la nature du mal[104] n'existe point dans le monde.

XXVIII

Si quelqu'un livrait ton corps à la discrétion du premier venu, tu en serais sans doute très fâché ; et lorsque toi-même tu abandonnes ton âme[105] au premier venu, afin que s'il te dit des injures, elle en soit émue et troublée, tu ne rougis point ?

XXIX

1. Sur chaque action, avant que de l'entreprendre, regarde bien ce qui la précède[106] et ce qui la suit[107], et entreprends-la après cet examen. Si tu n'observes cette conduite, tu auras d'abord du plaisir[108] dans tout ce que

---

101. Le mot grec, employé dans le texte, signifie en réalité esclave.

102. Cela renvoie à l'expression précédente : "les choses sur lesquelles nous ne sommes pas en différend entre nous".

103. En grec *scopos*, désigne ce que l'on voit, le but. C'est à la fois l'idée de cible (dans le tir à l'arc, ou le lancer du javelot) et celle de fin visée par la vie morale.

104. Il y a là une contradiction. Si le mal est dans la nature nous chercherions à l'atteindre (pour se conformer à la nature) mais en même temps nous chercherions à l'éviter (en tant que c'est le mal) ; d'où l'image du but placé pour être manqué. Pour les Stoïciens c'est l'homme qui introduit le mal.

105. Ici âme est entendue comme équivalent de intelligence. Selon Epictète, le principe du trouble de l'âme est dans l'intelligence qui se fait des choses une opinion (une représentation) fausse et exagérée.

106. Les antécédents. C'est la fin (le but) que l'on se propose d'atteindre ; ce que l'on examine avant d'agir.

107. Les conséquents, au sens d'avantages ou d'inconvénients qui résulteront de l'action si elle est entreprise ; ce qui se passe après l'action.

99. Au sens de volonté (*boulêsis*) de la nature.

100. C'est l'accord des sages entre eux qui est un indice de vérité

108. Autre traduction : tu seras au début plein d'ardeur.

tu feras, parce que tu n'en auras pas envisagé les suites ; mais à la fin la honte venant à paraître, tu seras rempli de confusion[109].

2. Tu voudrais bien être couronné aux jeux olympiques[110] ; et moi aussi en vérité, car cela est très glorieux ; mais examine bien auparavant ce qui précède et ce qui suit une pareille entreprise. Tu peux l'entreprendre après cet examen. Il faut observer exactement une certaine règle ; manger plus qu'on ne peut ; s'abstenir de tout ce qui flatte le goût ; faire ses exercices malgré qu'on en ait, aux heures marquées, pendant le froid, pendant le chaud ; ne boire jamais frais, ni même de vin, que petitement, et par mesure. En un mot, il faut se livrer sans réserve au maître d'exercices, comme à un médecin, et après cela, aller combattre aux jeux. Là, être peut-être blessé ; te démettre le pied ; avaler bien de la poudre ; être fouetté quelquefois, et après tout cela encore, être peut-être vaincu.

3. Après avoir envisagé tout cela, va, si tu veux, va être athlète. Si tu n'as pas cette précaution, tu ne feras que niaiser, et que badiner comme les enfants, qui tantôt contrefont des lutteurs, et tantôt des gladiateurs, et qui dans le moment jouent de la trompette, et un instant après représentent des tragédies. Il en sera de même de toi ; tu seras tantôt athlète, tantôt gladiateur, tantôt rhéteur ; après tout cela philosophe, et dans le fond de l'âme tu ne seras rien[111] ; mais comme un singe, tu contreferas tout ce que tu verras faire, et tous les objets te plairont tour à tour ; car tu n'as point examiné ce que tu voulais faire ; mais tu t'y es porté témérairement, sans aucune circonspection, guidé par ta seule cupidité et par ton caprice.

4. C'est ainsi que beaucoup de gens voyant un philosophe, ou entendant dire à quelqu'un qu'*Euphratès parle bien*[112] ! *Qui est-ce qui peut parler comme lui ?* veulent aussitôt être philosophes.

5. Mon ami, considère premièrement ce que c'est que tu désires, et ensuite examine ta propre nature, pour voir si elle est assez forte pour porter ce fardeau. Tu veux être un Pentathle[113] ou un gladiateur ; vois tes bras, considère tes cuisses, examine tes reins, car nous ne sommes pas nés tous pour la même chose.

6. Penses-tu qu'en embrassant cette profession, tu pourras manger comme les autres, boire comme eux,

---

109. Au mot à mot : tu te retireras avec honte. Cet abandon est la marque de l'inconstance (alors que le sage au contraire se caractérise par la constance).

110. Tout ce chapitre XXIX reprend, souvent mot pour mot le Livre III Chap. 15 des *Entretiens*, qui débute ainsi : "De chacune de tes actions examine les antécédents et les conséquences et alors seulement entreprends-la" et dont le titre général est "qu'il faut tout entreprendre avec circonspection". Le thème des Jeux olympiques et des règles de vie qu'ils imposent est repris à la lettre.

111. Plus exactement : "avec toute âme entière, rien". Référence à Platon qui recommande d'aller à la philosophie "avec toute son âme" (Platon, *République*, Livre VII, 518 c).

112. Philosophe stoïcien, d'origine syrienne (meurt vers 108 ap. J.-C.). Épictète avait peut-être écouté ses leçons. Ami de Pline le Jeune (qui parle de lui dans ses *Lettres* I, 10) il vécut aussi comme familier de l'empereur Hadrien.
Épictète en parle également dans *Entretiens*, Livre III, Chap. 15 ; 8 : "Ainsi, parce qu'ils ont vu un philosophe et en ont entendu un parler comme parle Euphrate (pourtant qui peut parler aussi bien que lui ?) il est des gens qui veulent être eux aussi philosophes".

113. C'est l'athlète qui participe aux cinq jeux : saut, disque, course, lutte, pugilat.

renoncer comme eux à tous les plaisirs ? Il faut veiller, travailler, s'éloigner de ses parents et de ses amis ; être le jouet d'un enfant ; avoir du dessous en tout dans la poursuite des honneurs, des charges dans les tribunaux, en un mot, dans toutes les affaires[114].

7. Considère bien tout cela, et vois si tu veux acheter à ce prix la tranquillité, la liberté, la constance[115]. Sinon, applique-toi à toute autre chose[116], et ne fais pas comme les enfants ; ne sois pas aujourd'hui philosophe, demain partisan[117], ensuite rhéteur, et après cela intendant du prince[118]. Ces choses ne s'accordent point ; il faut que tu sois un seul homme, et un seul homme bon ou méchant ; il faut que tu t'appliques à ce qui regarde ton âme[119], ou à ce qui regarde ton corps ; il faut que tu travailles à acquérir les biens intérieurs, ou les biens extérieurs, c'est-à-dire, qu'il faut que tu soutiennes le caractère[120] d'un philosophe ou d'un homme du commun[121].

XXX

Tous les devoirs[122] se mesurent presque toujours par les différentes liaisons[123]. C'est ton père ? Il t'est ordonné d'en avoir soin, de lui obéir en tout, et de souffrir ses injures et ses mauvais traitements. Mais c'est un méchant père. Eh quoi ! mon ami, la nature t'a-t-elle lié nécessairement à un bon père ? non, mais à un père. Ton frère te fait injustice ? conserve à son égard le rang de frère, et ne regarde point ce qu'il fait mais ce que tu dois faire, et l'état où se trouvera ta liberté, si tu fais ce que la nature veut que tu fasses. Car un autre ne

---

114. Autre traduction : dans la moindre affaire.

115. Les termes employés dans le texte grec sont successivement *apatheïa* traduit ici par tranquillité mais qui signifie plutôt impassibilité ; *eleutheria*, liberté ; *ataraxia* traduit ici par constance mais qui signifie plutôt sécurité.

116. Une traduction plus proche du texte donnerait : soit, sinon n'approche pas de nous.

117. Une traduction plus juste de *telones* : publicain, au sens de collecteur des deniers publics, des impôts.

118. Le texte grec dit : procurateur de César. C'est un fonctionnaire (chevalier ou même affranchi de l'empereur) à qui est confié l'administration financière d'une province.

119. Il s'agit de la partie supérieure et directrice de l'âme, l'*hêgémonikon*, "celle qui fait les représentations, les consentements, les sentiments, les appétits et c'est ce qu'on appelle le discours de la raison" (Plutarque).

120. En grec *taxin* : le rôle.

121. En grec *idioton*. Désigne à plusieurs reprises dans le *Manuel* le profane, la personne étrangère à la philosophie. Une hiérarchie s'établit entre le profane (l'homme du commun) le progressant (celui qui s'initie à la philosophie) et le philosophe.

122. Devoirs traduit ici *kathekon*, "conduites convenables" ; en latin *officia*. La philosophie stoïcienne à partir de Panétius distingue *kathekon* (devoir moyen accessible à tous) de *katorthôma*, "action droite" (devoir strict et domaine exclusif du philosophe).

123. Au sens de manière d'être, de rapports. Cf. Epictète, *Entretiens*, Livre III, Chap. 2 ; 4 : "Le second sujet sur lequel doit s'exercer l'homme qui veut être honnête, c'est le devoir ; car il ne faut pas être impassible à la manière d'une statue ; il faut maintenir nos rapports naturels ou acquis avec autrui, comme homme religieux, comme fils, comme frère, comme père, comme citoyen".

t'offensera, ne te blessera jamais si tu ne veux, et tu ne seras blessé que lorsque tu croiras l'être[124]. Par ce moyen donc tu seras toujours content de ton voisin, de ton citoyen, de ton général[125], si tu t'accoutumes à avoir toujours ces liaisons devant les yeux.

XXXI

1. Sache que le principal et le fondement de la religion[126], consiste à avoir des Dieux des opinions droites et saines ; à croire qu'ils sont ; qu'ils étendent leur providence sur tout ; qu'ils gouvernent cet univers très parfaitement et avec justice ; que tu es dans le monde pour leur obéir, pour prendre en bonne part tout ce qui arrive, et pour y acquiescer volontairement et de tout ton cœur, comme à des choses qui viennent d'une providence très bonne et très sage. De cette manière tu ne te plaindras jamais des Dieux, et tu ne les accuseras jamais de n'avoir pas soin de toi.

2. Mais tu ne peux avoir ces sentiments qu'en renonçant à tout ce qui ne dépend point de nous, et qu'en faisant consister tes biens et tes maux dans ce qui en dépend. Car si tu prends pour un bien ou pour un mal quelqu'une de ces choses étrangères, c'est une nécessité absolue que lorsque tu seras frustré de ce que tu désires, ou que tu tomberas dans ce que tu crains, tu te plaignes et que tu haïsses ceux qui sont la cause de tes malheurs.

3. Car tout animal[127] est né pour abhorrer et pour fuir tout ce qui lui paraît mauvais et nuisible, et tout ce qui peut le causer, et pour aimer et rechercher tout ce qui lui paraît utile et bon, et ce qui le cause. Il est donc impossible que celui qui croit être blessé se plaise à ce qu'il croit qui le blesse ; d'où il s'ensuit que personne ne se réjouit, et ne se plaît dans son mal.

4. Voilà d'où vient qu'un fils accable de reproches et d'injures son père, quand son père ne lui fait point part de ce qui passe pour des biens[128]. Voilà ce qui rendit ennemis irréconciliables Etéocle et Polynice[129] ; ils regardaient le trône comme un grand bien. Voilà ce qui fait que le laboureur, le pilote, le marchand maudissent les Dieux, et voilà enfin la cause des murmures de ceux qui perdent leurs femmes et leurs enfants. Car où est l'utilité, là est aussi la piété. Ainsi tout homme qui a

124. Pour les Stoïciens, ce qui blesse ce n'est pas l'action elle-même, mais seulement l'opinion qu'on en a.

125. Traduit le mot grec *strategos* et désigne ici le préteur qui gouverne une province sénatoriale.

126. Le texte grec dit piété (*eusébeïa*) : le plus important de la piété consiste...

127. Cf. Cicéron, *Traité des devoirs*, Livre I 4. 11 : "D'abord la nature a donné à tout le genre des êtres vivants une inclination à se conserver eux-mêmes, leur vie et leur corps, à éviter tout ce qui leur paraît nuisible, à rechercher (..) tout ce qui est nécessaire à la vie".

128. Cf. *Entretiens*, Livre II, Chap. 22. 10 : "Jette aussi entre toi et ton fils un bout de champ, et tu sauras combien ton fils est impatient de t'enterrer et combien tu souhaites, toi, la mort de ton fils".

129. Cf. *Entretiens*, Livre II, Chap. 11. 13 : "Etéocle et Polynice n'avaient-ils pas la même mère et le même père ? N'avaient-ils pas été élevés ensemble, n'avaient-ils pas vécu ensemble, partagé la même table, le même lit, souvent ne s'embrassaient-ils pas tendrement tous les deux ?" La rivalité d'Etéocle et de Polynice portait sur la royauté de Thèbes.

soin de régler ses désirs et ses aversions, selon les règles prescrites, il a soin aussi de nourrir et d'augmenter sa piété. Dans ses libations, dans ses sacrifices, et dans ses offrandes, chacun doit suivre la coutume de son pays, et les faire avec pureté sans nonchalance aucune, sans négligence, sans irrévérence, sans mesquinerie, et aussi sans une somptuosité au-dessus de ses forces[130].

XXXII

1. Quand tu vas consulter le devin[131], souviens-toi que tu ignores ce qui doit arriver, et que tu vas pour l'apprendre. Mais souviens-toi en même temps, que si tu es philosophe[132] tu vas le consulter, sachant fort bien de quelle nature est ce qui doit arriver. Car si c'est une des choses qui ne dépendent point de nous, ce ne peut être assurément, ni un bien, ni un mal pour toi.

2. N'apporte donc auprès de ton devin, ni inclination, ni aversion pour aucune chose au monde[133], autrement tu trembleras toujours ; mais sois persuadé et convaincu que tout ce qui arrivera est indifférent, qu'il ne te regarde point, et que de quelque nature qu'il soit, il dépendra de toi d'en faire un bon usage, personne ne pouvant t'en empêcher. Va donc avec confiance comme t'approchant des Dieux, qui daignent bien te conseiller, et du reste quand on t'aura donné quelques conseils, souviens-toi qui sont les conseillers à qui tu as eu recours, et qui sont ceux dont tu mépriseras les ordres si tu désobéis.

3. Mais ne va au devin que comme Socrate[134] voulait qu'on y allât, c'est-à-dire, n'y va que pour les choses qu'on ne peut connaître que par l'événement et qu'on ne peut prévoir, ni par la raison, ni par les règles d'aucun autre art. De sorte que quand l'occasion se présentera de t'exposer à de grands dangers pour ton ami[135], ou pour ta patrie, ne va pas consulter le devin si tu dois le faire. Car si le devin te déclare que les entrailles de la victime sont mauvaises, il est évident que ce signe te présage ou la mort, ou des blessures, ou l'exil, mais la droite raison te dit que, malgré toutes ces choses, on doit secourir son ami, et s'exposer pour sa patrie. C'est pourquoi obéis à un devin encore plus grand que celui que tu consultais, c'est Apollon Pythien, qui chassa de

130. Ces conseils d'Epictète reprennent les propos de l'oracle, de Delphes adressés à Socrate. Cf. Xénophon, *Mémorables* : "Suivez les lois de votre pays. Or la loi de tous les pays est que chacun sacrifie selon ses facultés".

131. Sur la manière d'user de la divination. Cf. *Entretiens*, Livre II, Chap. 7.

132. "N'ai-je pas en moi le devin qui m'apprend quelle est la nature du bien et du mal, qui reconnaît les signes de l'un et de l'autre ? Qu'ai-je encore besoin, par conséquent, des entrailles des victimes, ou des oiseaux ?" *Entretiens*, Livre II, Chap. 7 ; 3 et 4.

133. Cf. *Entretiens*, Livre II, Chap. 7 ; 10 : "Que faut-il faire ? Aller chez les devins sans désir et sans aversion, comme le voyageur demande au passant qu'il rencontre laquelle des deux routes conduit au but, ne désirant pas davantage que ce soit celle de droite plutôt que celle de gauche".

134. Dans les *Mémorables* de Xénophon, Socrate, à plusieurs reprises, exprime sa position à l'égard de la consultation des dieux. Il est inutile de les consulter sur ce que nous pouvons découvrir par nous-mêmes, il ne faut le faire que dans les cas douteux (Livre I, 1-6).

135. Cf. *Entretiens*, Livre II, Chap. 7 ; 3 ; "Si donc je dois risquer ma vie pour mon ami, et si même cela m'est un devoir de mourir pour lui, est-il encore opportun pour moi d'user de la divination".

son temple celui qui n'avait pas secouru son ami qu'on assassinait[136].

XXXIII

1. Prescris-toi désormais un certain caractère[137], une certaine règle[138] que tu suives toujours quand tu seras seul et quand tu seras avec les autres.

2. Garde le silence le plus souvent, ou ne dis que les choses nécessaires, et dis-les en peu de mots. Nous nous porterons rarement à parler si nous ne parlons que lorsque le temps le demandera. Mais ne nous entretenons jamais de choses triviales et communes ; et ne parlons ni des combats de gladiateurs, ni des courses des chevaux, ni des athlètes, ni du boire, ni du manger, qui sont le sujet des conversations ordinaires. Surtout ne parlons jamais des hommes pour les blâmer ou pour les louer, ou pour en faire la comparaison[139].

3. Si tu le peux donc, fais tomber par tes discours la conversation de tes amis sur ce qui est décent et convenable, et si tu te trouves avec des étrangers[140], garde le silence opiniâtrement.

4. Ne ris ni longtemps, ni souvent, ni avec excès[141].

5. Refuse le serment en tout et partout, si cela est en ton pouvoir ; sinon, autant que l'occasion pourra le permettre [142].

6. Evite de manger dehors et fuis tous les festins publics[143] ; mais si quelque occasion extraordinaire te force de te relâcher en cela, redouble alors ton attention sur toi-même, de peur que tu ne te laisses aller aux manières et aux façons de faire du peuple ; car sache que si l'un des conviés est impur, celui qui est assis près

---

136. Dans son *Commentaire du Manuel* (6ème siècle ap. J.-C.) Simplicius rapporte le fait : deux amis se rendaient à Delphes. L'un fut tué ; l'autre, après s'être enfui sans porter secours à son compagnon, vint cependant consulter l'oracle : "Placé aux côtés d'un ami qu'on assassinait, tu ne l'as pas secouru ; tu n'es pas pur. Sors de ce beau et sain lieu".

137. Le mot grec *caractera* désigne ici un plan de vie, tracé par avance et comme gravé au burin ; pourrait se traduire aussi par modèle ou genre de vie.

138. Il s'agit d'un type de conduite, au sens de modèle à imiter, d'idéal à réaliser. Les stoïciens insistaient beaucoup pour que l'homme, au lieu de vivre au hasard, adopte un plan général de conduite qui oriente sa vie entière.

139. Cf. Cicéron, *Traité des devoirs*, Livre I, 37-134 : "Et surtout, comme c'est la coutume n'aimons pas à parler des absents pour les déprécier en les tournant en ridicule ou en les traitant sévèrement ; évitons la médisance et les insultes".

140. Signifie ici plus particulièrement les étrangers à la philosophie, les profanes.

141. Cf. Cicéron, *Tusculanes*, Livre IV, 31-66 : "Il est pourtant honteux de bondir et d'être transporté de joie quand on les possède (les biens) ; de même s'il est permis de rire, on vous reproche de rire aux éclats". C'est l'apologie de la mesure.

142. Dans les limites permises.

143. Littéralement : repas chez autrui et en compagnie d'étrangers à la philosophie.

de lui, et qui fait comme lui, est nécessairement souillé[144], quelque pureté qu'il ait par lui-même.

7. N'use des choses nécessaires au corps qu'autant que le demandent les besoins de l'âme, comme de la nourriture, des habits, du logement, des domestiques, etc... Et rejette tout ce qui regarde la mollesse ou la vanité.[145]

8. Ne goûte point le plaisir de l'amour, si tu peux, avant le mariage, et, si tu le goûtes, que ce soit au moins selon la Loi[146] ; mais ne sois point sévère à ceux qui en usent, ne les reprends point avec aigreur, et ne te vante point à tout moment de ta continence.

9. Si quelqu'un te rapporte qu'un tel a mal parlé de toi, ne t'amuse point à réfuter ce qu'on a dit ; mais réponds simplement : celui qui a dit cela de moi ignorait sans doute mes autres vices ; car il ne se serait pas contenté de ne parler que de ceux-là.

10. Ce n'est nullement une nécessité d'aller souvent aux théâtres et aux jeux publics. Et si tu y vas quelquefois par occasion, ne favorise aucun des partis et réserve tes faveurs et tes empressements pour toi-même[147] ; c'est-à-dire, contente-toi de tout ce qui arrive, et sois satisfait que la victoire soit à celui qui a vaincu ; car, par ce moyen, tu ne seras jamais ni fâché, ni troublé. Empêche-toi aussi de faire des acclamations, de grands éclats de rire et de grands mouvements ; et quant tu te seras retiré[148], ne parle pas longuement de tout ce que tu as vu, et qui ne va point à réformer tes mœurs et à te rendre plus honnête homme ; car ces longs entretiens témoignent que c'est le spectacle seul qui a attiré ton admiration[149].

11. Ne va ni aux récits, ni aux lectures des ouvrages de certaines gens[150], et ne t'y trouve point légèrement ; mais si tu t'y trouves, conserve la gravité et la

---

144. Passage à rapprocher des *Entretiens*, Livre III, Chap. 16 : "De deux choses l'une, ou bien celui qui se laisse entraîner souvent à causer, à dîner et généralement à vivre avec d'autres, leur deviendra semblable ; ou bien il les convertira à ses mœurs. En face d'un semblable péril, il faut regarder à deux fois avant de se laisser entraîner à de pareilles liaisons avec les hommes ordinaires ; il faut se rappeler qu'on ne saurait se frotter à un individu barbouillé de suie sans attraper soi-même de la suie..."

145. On trouve ce thème exprimé chez Cicéron, *Les Devoirs*, XXX. 106 : "Le plaisir du corps n'est pas assez élevé pour la dignité de l'homme, il faut le mépriser et le rejeter. (...) Que la nourriture et l'entretien du corps aient donc pour but la santé et la vigueur, mais non pas le plaisir !"

146. C'est un thème fréquent chez les moralistes de l'Antiquité, rattaché à l'idée de mesure. Cf. Cicéron, *Traité des devoirs*, Livre I. 30.106 : "On comprend par là que le plaisir du corps n'est pas digne d'un être supérieur tel que l'homme "qu'il doit être méprisé et rejeté ; ou si l'on accorde quelque place au plaisir, il faut avoir soin de garder la mesure dans la jouissance".

147. Cf. la parole d'Antisthène à Cyrus citée par Épictète, *Entretiens*, Livre IV, Chap. 6 ; 20 :"C'est une chose royale que de faire le bien et d'être décrié". Repris par Marc-Aurèle, *Pensées*, Livre VII.36.

148. Quand tu seras sorti du spectacle.

149. Que tu as été ému par le spectacle. Ce qui est contraire à l'attitude de celui qui cherche à progresser et qui ne doit s'émouvoir de rien : *nihil admirari*.

150. Il s'agit des lectures publiques et des déclamations où les poètes et les rhéteurs se produisaient devant un public soigneusement composé.

retenue[151], et une douceur qui ne soit mêlée d'aucune marque de chagrin et d'ennui[152].

12. Quand tu dois avoir quelque conversation avec quelqu'un, surtout avec quelqu'un des premiers de la ville, propose-toi ce qu'auraient fait en cette rencontre Socrate ou Zénon[153]. Par ce moyen tu ne seras point embarrassé à faire ce qui est de ton devoir, et à user convenablement de tout ce qui se présentera.

13. Quand tu vas faire ta cour à quelque homme puissant, promets-toi bien que tu ne le trouveras pas chez lui ; qu'il sera enfermé ; que la porte te sera fermée, ou qu'il ne te regardera point. Si, après cela, ton devoir t'y appelle, supporte tout ce qui arrivera, et ne t'avise jamais de dire ou de penser que ce n'était pas la peine : car c'est le langage du peuple[154] ; et d'un homme[155] sur qui les choses extérieures ont trop de pouvoir.

14. Dans le commerce ordinaire[156], garde-toi bien de parler mal à propos[157] et trop longuement de tes exploits et des dangers que tu as courus[158] ; car si tu prends tant de plaisir à les raconter, les autres n'en prennent pas tant à les entendre.

15. Garde-toi bien encore de jouer le rôle de plaisant : car c'est un méchant caractère, et un pas glissant[159] qui te fera tomber insensiblement dans les manières basses et populaires, et fera perdre aux autres le respect et la considération qu'ils ont pour toi.

16. Il est aussi très dangereux de se laisser aller à des discours obscènes, et quand tu te trouveras à ces sortes de conversations, ne manque pas, si l'occasion le permet, de tancer[160] celui qui tient ces discours ; sinon,

151. Cf. Cicéron, *Traité des devoirs*, Livre I, 36 ; 130-131 : "Là aussi, comme en bien des cas, c'est un juste milieu qui vaut le mieux (...) Il faut faire effort pour empêcher nos émotions de nous faire sortir du naturel : nous y arriverons si nous prenons garde de nous pas laisser troubler ni effrayer et si nous tenons nos esprits tendus vers l'observation des convenances".

152. C'est au sens littéral l'attitude sans raideur désagréable.
La dignité appartient à l'homme, et s'oppose à la grâce qui appartient à la femme. Mais la dignité n'a pas nécessairement un aspect sévère ; elle doit se présenter au contraire sous un air de douceur qui la rehausse et la rend attrayante.

153. Le philosophe grec Socrate (vers 469-vers 399 av. J.-C.) et le philosophe grec Zénon de Cittium (vers 335-vers 264 av. J.-C.), fondateur du stoïcisme, sont proposés à l'aspirant-philosophe comme des modèles. Sur Socrate, cf. par exemple, *Entretiens*, Livre IV, Chap. 2 (à plusieurs reprises) et de même sur Zénon, *Entretiens*, Livre IV, Chap. 2.

154. Traduit le mot grec *idiotikon*. C'est un homme du commun, un profane ; qui n'est pas sur la voie de la philosophie.

155. Au sens littéral : d'un homme qui s'emporte de côté et d'autre, par conséquent d'un homme qui s'irrite "qui se récrie contre les choses extérieures".

156. Le mot grec est *homélie*. Le premier sens est réunion, puis entretien familier. Dans la langue ecclésiastique ce mot prendra le sens de sermon prononcé sur un ton familier.

157. Souvent.

158. Cf. Cicéron, *Traité des devoirs*, Livre I 38-137 : "Il n'est pas beau non plus de parler de soi-même surtout pour dire des mensonges et de nous rendre ridicule en imitant le "soldat fanfaron".

159. Cf. Cicéron, *Traité des devoirs*, Livre I 29-104 : "Il faut garder la mesure même dans les divertissements : il n'y faut pas trop se laisser aller ; il faut se garder des transports de joie qui nous font tomber dans la basse plaisanterie".

160. Blâmer

garde au moins le silence, et fais connaître par la rougeur de ton front, et par la sévérité de ton visage, que ces sortes de conversations ne te plaisent point.

XXXIV

Si ton imagination te présente l'image de quelque volupté, retiens-toi[161] comme sur tous les autres sujets, de peur qu'elle ne t'entraîne. Que cette volupté t'attende un peu, et prends quelque délai[162]. Ensuite compare les deux temps, celui de la jouissance, et celui du repentir qui la suivra, et des reproches que tu te feras à toi-même, et oppose-leur la satisfaction que tu goûteras et les louanges que tu te donneras, si tu résistes[163]. Que si tu trouves qu'il est temps pour toi de jouir de ce plaisir, prends bien garde que ses amorces et ses attraits ne te désarment et ne te séduisent, et oppose-leur ce plaisir plus grand encore de pouvoir te rendre ce témoignage que tu les as vaincus[164].

XXXV

Quand tu fais quelque chose, après avoir reconnu qu'elle est de ton devoir, n'évite point d'être vu en la faisant, quelque mauvais jugement que le peuple en puisse faire : car si l'action est mauvaise[165], ne la fais point, et si elle est bonne, pourquoi crains-tu ceux qui te condamneront sans raison et mal à propos.

XXXVI

Comme cette proposition, *il est jour*[166], il est nuit, est très raisonnable quand elle est séparée, *qu'on en fait deux parties*, et très déraisonnable quand elle est complexe, *que des deux parties on n'en fait qu'une* ; ainsi dans les festins il n'y a rien de plus déraisonnable que de vouloir tout pour soi, sans aucun égard pour les autres. Quand tu seras donc prié à un repas, souviens-toi de ne penser pas tant à la qualité des mets qu'on

---

161. Ne pas céder, ne pas se laisser emporter par ses représentations (aussi bien images qu'idées), mais plutôt se retourner vers soi-même. Ce thème apparaît fréquemment dans le *Manuel* : X, XVI, XVIII, XIX, XX.

162. Cf. *Manuel* XX : "Car si une fois, tu gagnes du temps et quelque délai, tu seras plus facilement maître de toi-même". Le délai introduit une distance (temporelle) qui permet l'examen. C'est dans cet espace qu'est possible la distinction, puis la comparaison du temps proche (la jouissance) et du temps lointain (le repentir).

163. C'est la vertu de continence, liée à la tempérance (cette dernière est avec le courage, la justice et la prudence l'une des quatre vertus cardinales).

164. Littéralement : "oppose leur combien est préférable la conscience d'avoir remporté cette victoire".

165. Au sens littéral, sans rectitude, donc contrairement au devoir. Le thème est à rapprocher de Boèce, *Consolation* III. 11 : "Ce n'est pas en effet sur l'approbation du vulgaire que le sage fonde son bonheur, mais sur le témoignage sincère de sa conscience".

166. L'exemple donné par Epictète appartient à la tradition de la logique stoïcienne. La phrase : "il fait jour" est un jugement simple consistant en une affirmation catégorique. Il en est de même pour "il fait nuit". Une proposition enchaîne des jugements. Il y a trois types de propositions : conditionnelle ou implicative (exprimée par *si*) ; conjonctive (exprimée par *et*) ; disjonctive (exprimée par *ou*). La proposition : il fait jour *ou* (au sens de *ou bien*) il fait nuit est acceptable. Mais on ne peut pas dire valablement en même temps : il fait jour et il fait nuit. Cf. Diogène Laërce, *Vie, doctrines et sentences*, Livre VII.

servira, et qui exciteront ton appétit, qu'à la qualité de celui qui t'a prié, et à conserver les égards et le respect qui lui sont dûs.[167]

XXXVII

Si tu prends un rôle[168] qui soit au-dessus de tes forces, non seulement tu le joues mal, mais tu abandonnes celui que tu pouvais remplir.

XXXVIII

Comme en te promenant, tu prends bien garde[169] de ne pas marcher sur un clou, et de ne pas te donner une entorse, prends garde de même de ne pas blesser la partie principale de toi-même[170], et celle qui te conduit. Si dans chaque action de notre vie nous observons ce précepte, nous ferons tout plus sûrement[171].

XXXIX

La mesure des richesses pour chacun c'est le corps, comme le pied est la mesure du soulier. Si tu t'en tiens à cette règle, tu garderas toujours la juste mesure, et si tu la passes, tu es perdu : il faut que tu roules comme dans un précipice où rien ne peut t'arrêter. De même sur le soulier, si tu passes une fois la mesure de ton pied[172], tu auras d'abord des souliers dorés ; ensuite tu en auras de pourpre, et enfin tu en voudras de brodés ; car il n'y a plus de bornes pour ce qui a une fois passé les bornes[173].

XL

Les femmes, pendant qu'elles sont jeunes, sont appelées *maîtresses*[174] par leurs maris. Ces femmes donc voyant par là que leurs maris ne les considèrent que par le plaisir qu'elles leur donnent[175], ne songent plus qu'à se parer pour plaire, et mettent toute leur confiance et toutes leurs espérances dans leurs ornements. Rien n'est donc plus utile et plus nécessaire que de s'appliquer à leur faire entendre qu'on ne les honorera, et qu'on ne les respectera qu'autant qu'elles auront de sagesse, de pudeur et de modestie[176].

167. Ainsi il n'est plus possible de satisfaire à la fois et sa gourmandise et la politesse qu'il n'est possible de dire sans contradiction : il fait jour et il fait nuit.

168. Le terme grec *proposon* signifie à la fois visage, expression du visage, aussi bien que masque et personnage d'une pièce de théâtre. De même en latin *persona* signifie masque et par extension rôle. Cf. *Manuel* XVII.

169. C'est l'apologie de la tendance raisonnable à éviter le mal : circonspection, précaution.

170. La partie maîtresse de l'âme : *hégémonikon* "qui guide les autres, c'est elle qui fait les représentations, les consentements, les sentiments, les appétits et ce qu'on appelle le discours de la raison" (Plutarque).

171. Avec plus d'assurance. Cf. *Manuel* IV : "Tu iras ensuite plus sûrement à ce que tu veux faire". C'est la question de la fermeté dans l'assentiment.

172. Littéralement : Si tu vas au-delà des besoins de ton pied.

173. Littéralement : car il n'y a plus de limite quand une fois on a dépassé la juste mesure. Quand les bornes sont dépassées il n'y a plus de limites.

174. En grec *kouriaï*, se traduirait aussi par dames.

175. La traduction est édulcorée : "voyant qu'il ne leur reste rien d'autre à faire qu'à partager le lit des hommes".

176. Le texte grec dit seulement "pudeur et modestie". Ce sont des vertus liées à la vertu cardinale de la tempérance.

XLI

Un signe certain d'un esprit lourd[177], c'est de s'occuper longtemps du soin du corps, comme de s'exercer longtemps, de boire longtemps, de manger longtemps et de donner beaucoup de temps à toutes les autres nécessités corporelles. Toutes ces choses ne doivent pas être le principal, mais l'accessoire de notre vie[178], et il ne les faut faire que comme en passant : toute notre attention ne doit être que pour notre esprit[179].

XLII

Quand quelqu'un te fait du mal, ou qu'il dit du mal de toi, qu'il te souvienne qu'il croit y être obligé. Il n'est donc pas possible qu'il suive tes jugements, mais les siens propres ; de sorte que s'il juge mal, il est seul blessé, comme il est le seul qui se trompe[180] : car si quelqu'un accuse de fausseté un syllogisme très juste et très suivi, ce n'est pas le syllogisme qui en souffre, mais celui qui se trompe en en jugeant mal. Si tu te sers bien de cette règle, tu supporteras patiemment tous ceux qui parleront mal de toi ; car à chaque rencontre tu ne manqueras pas de dire, *il le croit ainsi*.

XLIII

Chaque chose présente deux prises[181], l'une qui la rend très aisée à porter, et l'autre très mal aisée. Si ton frère donc te fait injustice, ne le prends point par l'endroit de l'injustice qu'il te fait ; car c'est par où on ne saurait, ni le prendre, ni le porter ; mais prends-le par l'autre prise[182], c'est-à-dire, par l'endroit qui te présente un frère, un homme qui a été élevé avec toi, et tu le prendras par le bon côté qui te le rendra supportable.

XLIV

Ce n'est pas raisonner conséquemment[183] que de dire, je suis plus riche que vous, donc je suis meilleur que vous : je suis plus éloquent que vous, donc je vaux mieux que vous [184] ; pour raisonner conséquemment, il faut dire, je suis plus riche que vous, donc mon bien est plus grand que le vôtre ; je suis plus éloquent que vous, donc ma diction vaut mieux que la vôtre ; mais toi tu n'es ni bien, ni diction[185].

---

177. Inintelligence naturelle, sottise.

178. Epictète refuse l'ascèse corporelle pratiquée comme fin en soi (ou à fin d'exhibition), mais il n'exclut pas une ascèse corporelle à finalité morale permettant de régler désirs et aversions.

179. Littéralement : "que vers l'esprit soient tournés tous nos soins". C'est encore l'idée de se tourner vers soi-même.

180. C'est le thème socratique : "nul n'est méchant volontairement", le mal est une erreur de jugement. Il y a identité du vice et de l'ignorance, de la vertu et du savoir. Cf. *Entretiens*, Livre I, Chap. 29.

181. Littéralement : "Toute chose à deux anses". Autrement dit : deux côtés par où on peut la prendre.

182. Chaque être en particulier peut être vu aussi d'une manière générale, comme genre, comme créature de Zeus, être raisonnable et dont la seule faute est de commettre une erreur de jugement.

183. Au sens de concluant, dont les différentes parties ne sauraient être unies.

184. Chacun des syllogismes proposés prend nom d'enthymème, syllogisme particulier qui demande qu'on conçoive une prémisse manquante. La phrase peut se lire ainsi : je suis plus riche que vous (prémisse majeure) ; la richesse est preuve de mérite moral (prémisse mineure ; qu'il faut concevoir) ; donc je vaux mieux que vous (conclusion). Mais cet enthymème est faux, car la mineure manquante est fausse

185. Ni richesse, ni éloquence.

XLV

Quelqu'un se met de bonne heure au bain, ne dis point qu'il fait mal de se baigner si tôt, mais qu'il se baigne avant l'heure[186]. Quelqu'un boit beaucoup de vin, ne dis point qu'il fait mal de boire, mais qu'il boit beaucoup : car avant que tu aies bien connu ce qui le fait agir, d'où sais-tu s'il fait mal ? Ainsi toutes les fois que tu juges de même, il t'arrive de voir devant tes yeux une chose, et de prononcer sur une autre[187].

XLVI

1. En nulle occasion ne te dis philosophe[188], et ne débite point de belles maximes devant les ignorants[189], mais fais tout ce que ces maximes renferment[190]. Par exemple, dans un festin ne dis point comment il faut manger, mais mange comme il faut. Et souviens-toi qu'en tout et partout, Socrate a ainsi retranché toute ostentation et tout faste ; les jeunes gens allaient à lui pour le prier de les recommander à des philosophes, et il les menait, souffrant ainsi, sans se plaindre, le peu de cas qu'on faisait de lui[191].

2. S'il arrive donc qu'on vienne à parler de quelque belle question devant les ignorants, garde le silence[192] ; car il y a bien du danger à aller rendre d'abord ce que tu n'as pas digéré[193]. Et lorsque quelqu'un te reprochera

---

186. Cf. Epictète, *Entretiens* : "Ce qui est bien, c'est ce que l'on fait en pensant bien ; ce qui est mal, c'est ce que l'on fait en pensant mal. Tant que tu ne connais pas l'idée d'après laquelle quelqu'un fait une chose, ne loue ni ne blâme jamais son action".

187. On ne doit se prononcer (acquiescer) qu'aux idées évidentes. L'idée évidente provoque ce qu'on appelle généralement la représentation compréhensive (Emile Bréhier propose le terme de représentation "compréhensible"). En effet la représentation vraie, correspondant à la réalité, est appelée par les Stoïciens *katakeptiké* ; c'est une sorte de "prise de possession" (*katalephis*) de l'objet de la connaissance par la raison.

188. C'est un conseil donné à celui qui est déjà sur le chemin de la pratique philosophique. Le thème est développé à plusieurs reprises dans les *Entre-tiens*. Par exemple, Livre II, Chap. 1 : "Qu'on ne t'entende jamais parler là-dessus, n'accepte pas de compliment à ce sujet, ne cherche pas à passer pour quelqu'un, passe pour ne rien savoir. Ne fais étalage que d'une seule science : comment obtenir infailliblement ce que tu désires, ou éviter ce que tu ne veux pas". Cf. également Sénèque, *Lettre XVI*, *Lettre XVIII*.

189. Au sens de profane.

190. Le meilleur moyen de conversion philosophique n'est pas la prédication mais l'exemple. Cf. Sénèque, *Lettre XVI* : "La philosophie n'est pas dans les paroles, mais dans les choses".

191. Dans les *Entretiens*, Livre III, Chap. 5.16, Epictète fait une description de l'attitude du vrai philosophe : ne jamais critiquer personne, Dieu ou homme; ne blâmer personne, avoir toujours le même visage en sortant et en entrant. "Voilà ce que savait Socrate et, néanmoins, il ne disait jamais qu'il connaissait ou enseignait quoi que ce fût. Mais si quelqu'un réclamait de belles phrases ou de beaux principes, il le renvoyait à Protagoras, à Hippias, tout comme si on était venu chercher des légumes, il aurait renvoyé au jardinier".

192. Tout ce thème se trouve développé à plusieurs reprises dans les *Entretiens*. Par exemple Livre III Chap. 16 : "Donc, jusqu'à ce que vos belles opinions soient fermement établies (...) je vous conseille d'être prudent pour descendre parmi les profanes. Sans quoi tout ce qu'à votre école vous enregistrez fondra au jour le jour comme cire au soleil".

193. La métaphore de la doctrine qui est pour l'esprit une nourriture qu'il doit assimiler par le travail de la réflexion se trouve également dans *Sénèque*, *Lettre LXXXIV*.

que tu ne sais rien si tu n'es point piqué de ce reproche, sache que tu commences à être philosophe dès ce moment-là[194] : car les brebis ne vont pas montrer à leurs bergers combien elles ont mangé, mais après avoir bien digéré la pâture qu'elles ont prise, elles portent de la laine et du lait ; toi de même, ne débite point aux ignorants de belles maximes ; mais si tu les as bien digérées, fais-le paraître par tes actions.

XLVII

Si tu es accoutumé à mener une vie frugale, et à traiter durement ton corps[195], ne te complais point sur cela en toi-même, et si tu ne bois que de l'eau, ne dis point à tout propos que tu ne bois que de l'eau. Que si tu veux t'exercer à la patience et à la tolérance, pour toi, et non pas pour les autres, n'embrasse point les statues[196], mais dans la soif la plus ardente, prends de l'eau dans ta bouche, rejette-la en même temps, et ne le dis à personne[197].

XLVIII

1. L'état et le caractère de l'ignorant[198], il n'attend jamais de lui-même son bien ou son mal ; mais toujours des autres [199]. L'état et le caractère du philosophe, il n'attend que de lui-même tout son bien et tout son mal[200].

2. Signes certains qu'un homme fait du progrès dans l'étude de la sagesse : il ne blâme personne ; il ne loue personne ; il ne se plaint de personne ; il n'accuse personne ; il ne parle point de lui comme s'il était quelque chose, ou qu'il sût quelque chose ; quand il trouve quelque obstacle ou quelque empêchement à ce qu'il veut, il ne s'en prend qu'à lui-même. Si quelqu'un le loue, il se moque en secret de ce louangeur, et si on le reprend, il ne fait point d'apologie[201] ; mais, comme les convalescents, il se tâte et se ménage de peur de troubler et de déranger quelque chose dans ce commencement de guérison, avant que sa santé soit entièrement fortifiée.

3. Il a retranché toutes sortes de désirs, et il a transporté toutes ses aversions sur les seules choses qui sont contre la nature de ce qui dépend de nous ; il n'a pour toutes choses que des mouvements peu empressés et

---

194. Traduction littérale : "que tu commences l'œuvre entreprise".

195. Sur le thème de l'ascèse : cf. *Entretiens* : "Il ne faut nous exercer à rien qui soit extraordinaire et contre nature ; autrement, nous qui nous disons philosophes, nous ne différerions pas des faiseurs de tours".

196. Il s'agit d'un comportement attribué à Diogène et auquel il est fait référence dans *Entretiens*, Livre III, Chap. 12, 3. Diogène Laërce rapporte ainsi la chose, Chap. VI; 23 : "L'été (Diogène) se roulait dans le sable brûlant, l'hiver il embrassait les statues couvertes de neige, trouvant partout matière à s'endurcir".

197. Cf. *Entretiens*, Livre III, Chap. 10. Pour dénoncer l'ostentation, Epictète cite le propos du philosophe Appolonios : "Quand tu veux t'exercer pour toi-même, si tu es altéré un jour de chaleur, aspire une gorgée d'eau fraîche, puis crache-la et n'en dis rien à personne".

198. Au sens de profane.

199. Plus exactement "des choses du dehors".

200. Personne ne peut nuire à l'homme vertueux qui ne nuit à personne.

201. Il y a l'ordre du parler (à l'égard d'autrui, comme moyen de défense, quant à lui-même). Le "progressant" est silencieux. Il y a l'ordre de l'agir (obstacle, empêchement) le "progressant" est tourné vers soi et reste silencieux.
Mais ce silence est significatif des progrès faits dans l'étude de la sagesse ; Epictète en donne l'interprétation, dans le paragraphe suivant.

soumis ; si on le traite de simple et d'ignorant, il ne s'en met pas en peine. En un mot, il est toujours en garde contre lui-même, comme contre un homme qui lui tend continuellement des pièges et qui est son plus dangereux ennemi.

XLIX

Quand quelqu'un se glorifie de bien entendre et de bien expliquer les écrits de Chrysippe[202], dis en toi-même : si Chrysippe n'avait écrit obscurément, cet homme n'aurait donc rien dont il pût se glorifier ; et moi, qu'est-ce que je veux ? Connaître la nature et la suivre ; je cherche donc, qui est celui qui l'a le mieux expliquée. On me dit que c'est Chrysippe. Je prends Chrysippe, mais je ne l'entends point ; je cherche donc quelqu'un qui me l'explique[203] : jusque-là ce n'est encore rien de bien considérable et de bien estimable. Quand j'ai trouvé un bon interprète, il ne reste plus qu'à me servir de préceptes qu'il m'a expliqués et qu'à les mettre en pratique ; et voilà la seule chose qui mérite de l'estime ; car si je me contente d'expliquer ce philosophe et que je n'admire que cela, je ne suis qu'un pur grammairien[204], au lieu d'être un philosophe, avec cette différence qu'au lieu d'expliquer Homère[205], c'est Chrysippe, j'aurai bien plus de honte et de confusion, si je ne puis montrer des actions conformes à ses préceptes[206].

L

Demeure ferme dans la pratique de toutes ces maximes, et obéis-leur comme à des lois dont tu ne peux violer la moindre sans impiété[207] ; et ne te mets nullement en peine de ce qu'on dira de toi ; car cela n'est plus du nombre des choses qui sont en ta puissance.

LI

1. Jusqu'à quand différeras-tu de te juger digne des plus grandes choses, et de te mettre en état de ne jamais blesser la droite raison[208] ? Tu as reçu les préceptes auxquels tu devais donner ton consentement, tu l'as donné ; quel maître attends-tu donc encore pour remettre ton amendement jusqu'à son arrivée ? Tu n'es

202. D'après Diogène Laërce plus de trois cents livres de logique, auxquels il faut ajouter quatre cents livres de morale et de physique. Chrysippe succède à Cléanthe (qui lui-même succède à Zénon) comme scholarque (chef) de l'école stoïcienne. Considéré comme le second fondateur du stoïcisme il était surnommé la "Colonne du Portique".

203. Au sens de commentaire. Le maître procède à une lecture suivie du commentaire de texte, selon une méthode qui a été transmise de l'Antiquité au Moyen-Age.

204. Dans l'Antiquité le grammairien est celui qui non seulement possède la science du bien parler mais aussi qui est capable de fournir l'explication littérale et littéraire des écrivains, en particulier des poètes.

205. C'est, pour les anciens, le poète par excellence. L'*Illiade* et l'*Odyssée* servaient souvent de thèmes d'explication aux grammairiens grecs.

206. Littéralement : conformes aux paroles et en harmonie avec elles.

207. Littéralement : dans la pensée que tu commettras une impiété. Transgresser les règles de la philosophie, c'est désobéir à la raison et donc, pour Epictète, faire injure aux Dieux.

208. Littéralement : la raison qui commande. Raison traduit *logos*.

plus un enfant, mais un homme fait. Si tu te négliges, si tu t'amuses, si tu fais résolution sur résolution[209], et si tous les jours tu manques un jour nouveau[210] où tu auras soin de toi-même, il arrivera que, sans que tu y aies pris garde, tu n'auras fait aucun progrès, et que tu persévéreras dans ton ignorance, et pendant ta vie et après ta mort.

2. Courage donc, juge-toi digne dès aujourd'hui de vivre comme un homme, et comme un homme qui a déjà fait quelque progrès dans la sagesse, et que tout ce qui te paraîtra très beau et très bon te soit une loi inviolable. Si quelque chose de pénible ou d'agréable, de glorieux ou de honteux s'offre à toi, souviens-toi que voilà le combat ouvert, que voilà les Jeux olympiques qui t'appellent, qu'il n'est plus temps de différer ; et enfin que d'un moment et d'une seule action de courage ou de lâcheté dépendent ton avancement[211] ou ta perte.

3. C'est ainsi que Socrate est parvenu à la perfection, en faisant servir toutes choses à son avancement, et en ne suivant jamais que la raison[212]. Pour toi, bien que tu ne sois pas encore Socrate, tu dois pourtant vivre comme voulant le devenir[213].

LII

1. La première et la plus nécessaire partie de la philosophie, c'est celle qui traite de la pratique des préceptes, par exemple qu'il ne faut point mentir ; la seconde, celle qui en fait les démonstrations, par exemple pourquoi il ne faut point mentir ; et la troisième, celle qui fait la preuve de ces démonstrations et qui explique ce qui en fait la vérité et la certitude ; ce que c'est que démonstration, conséquence, opposition, vérité, fausseté[214].

2. Cette troisième partie est nécessaire pour la seconde, la seconde pour la première, et la première est la plus nécessaire de toutes, et celle où il faut s'arrêter et se fixer. Mais nous renversons cet ordre ; nous nous arrêtons entièrement à la troisième ; tout notre travail, toute notre étude, c'est pour la troisième, pour la preuve, et nous négligeons absolument la première qui est l'usage de la pratique. Il arrive de là que nous mentons ; mais aussi en revanche nous sommes toujours prêts à bien prouver qu'il ne faut pas mentir[215].

209. Au sens de : ajouter toujours les délais aux délais.

210. Sur l'urgence à se mettre en chemin, une fois que la décision est prise, cf. *Entretiens*, Livre IV, Chap. 12 : "Si demain cela t'est utile, ce le sera bien plus aujourd'hui, pour que demain aussi tu en sois capable".
Egalement Sénèque : "Demain ! demain ! Ce n'est pas là vivre, mais se préparer à vivre".

211. L'avancement c'est ici la progression (*procopé*) vers la sagesse. Epictète ne s'adresse ni au sage (mais y-a-t-il eu des sages, en dehors de Zénon, de Socrate et de Diogène ?) ni à l'homme du commun, mais au "progressant".

212. Cf. Platon, *Criton*, 46 b.

213. Littéralement : comme quelqu'un qui veut réellement.

214. Ainsi pour Epictète les trois parties de la philosophie sont : 1. la morale pratique (l'usage des préceptes), 2. la morale théorique (dont l'objet est la raison du devoir), 3. la logique (la preuve des démonstrations).
La tripartition classique de la philosophie stoïcienne est généralement la suivante : physique, logique, morale.

215. Les *Entretiens* insistent constamment sur la nécessité de la mise en pratique. Par exemple, Livre I, Chap. 29 : "Car ce ne sont pas les beaux discours qui manquent aujourd'hui ; les livres des Stoïciens regorgent de beaux discours. Que manque-t-il donc ? L'homme qui les mette en pratique, l'homme qui dans la réalité, témoigne en faveur des discours".

LIII

Commence toutes tes actions et toutes tes entreprises par cette prière :

1. *Conduisez-moi, grand Jupiter, et vous, puissante destinée, à tout ce à quoi vous m'avez destiné ; je vous suivrai de tout mon cœur et sans remise. Et quand je voudrais résister à vos ordres, outre que je me rendrais méchant et impie, il faudrait toujours vous suivre malgré moi*[216].

2. *Celui qui s'accommode comme il faut à la nécessité est sage et habile dans la connaissance des choses de Dieu*[217].

3. En voici encore une troisième : *Criton, passons courageusement par là, puisque c'est par là que Dieu nous conduit et qu'il nous appelle*[218].

4. *Anytus et Mélitus peuvent bien me faire mourir, mais ils ne sauraient me nuire*[219].

---

216. Ceci est une référence à des vers de Cléanthe, *Hymne à Zeus* (que l'on trouve également dans les *Entretiens*, Livre II, Chap. 23;42). Le traducteur a ici latinisé le nom de Zeus. Cléanthe est un philosophe stoïcien, mort en 220 av. J.-C. Il est le successeur de Zénon de Cittium (le fondateur du stoïcisme) et le prédécesseur de Chrysippe. On a conservé de lui des fragments (*Contre Démocrite*) et un *Hymne à Zeus* d'inspiration héraclitéenne.

217. Vers d'Euripide (480-406 av. J.-C.), poète tragique athénien.

218. Allusion à un passage situé au début du dialogue de Platon, *Criton* (43 d). L'athénien Criton rend visite à son ami Socrate emprisonné (et qui attend le jour de l'exécution). Criton lui annonce qu'elle aura lieu probablement dès demain. Socrate se réjouit : "Eh bien, Criton, à la bonne fortune! Si telle est la volonté des dieux, qu'il en soit ainsi". On trouve également cette référence dans *Entretiens* (Livre I, Chap. 29;18).

219. C'est une reprise presque mot pour mot d'un passage de Platon, *Apologie de Socrate* (30 c). Socrate est supposé répondre à ses accusateurs : "Je vous le déclare : si vous me condamnez à mort, étant ce que je suis, ce n'est pas à moi que vous ferez le plus de tort, c'est à vous-même. Pour moi, ni Mélétos, ni Anytos ne sauraient me nuire, si peu que ce soit."
On trouve également cette référence dans *Entretiens* (Livre I, Chap. 29;18 et Livre II, Chap. 2;16).

Documents

❑ 1. La construction de la légende

Dans l'*Anthologie Palatine*, l'une des anthologies grecques composée tardivement après tant d'autres, vers 980, on trouve, sous forme d'un distique, le texte d'un épigramme funéraire anonyme consacré à Epictète (*Anthologie Palatine*, Livre VII, 676).

> "Je fus l'esclave Epictète, au corps tout estropié, Pauvre comme Iros et cher aux immortels."
>
> *Anthologie Palatine*, Edition Les Belles Lettres, collection Budé.

AULU-GELLE

Aulu-Gelle, grammairien et critique latin du IIème siècle, bon connaisseur de la culture grecque (il a vécu plusieurs années à Athènes) imagine dans ses *Nuits Attiques* de doctes entretiens où l'on discute fort tard de littérature, de poésie, de grammaire et de philosophie.
Il établit une liste des esclaves-philosophes à la fin de laquelle il évoque Epictète.

> "Quant à Epictète, philosophe très connu, il fut esclave : le souvenir en est trop récent pour qu'il soit nécessaire de le noter comme un événement oublié".
>
> Aulu-Gelle, *Nuits Attiques*, Livre II, Chap. 18,
> Edition Les Belles Lettres, collection Budé.

Aulu-Gelle, dans *Nuits Attiques,* cite Epictète à propos du senatus-consulte pris sous le règne de l'empereur Domitien (vers 93) à l'encontre des philosophes (mais aussi des mathématiciens et des magiciens.)

> "(3) Et les philosophes ne furent pas seulement expulsés de la Ville de Rome, en ces temps d'excessive ignorance qui n'avaient pas encore été polis par l'enseignement de la Grèce, (4) mais sous le règne de Domitien encore ils furent chassés par un senatus-consulte et interdits de séjour à Rome et en Italie. En ce temps le philosophe Epictète quitta Rome pour Nicopolis à cause de ce senatus-consulte".
>
> Aulu-Gelle, *Nuits Attiques*, Livre XV, Chap. 11,
> Edition Les Belles Lettres, collection Budé.

Aulu-Gelle, dans *Nuits Attiques*, se moque d'un jeune homme qui se prétend adonné à la philosophie stoïcienne, mais "à la parole trop abondante et trop facile" et faisant sans tact des dissertations nombreuses et immodérées sur les théories philosophiques...

> "(6) Comme il clamait ces vantardises illusoires, que tous en désiraient la fin et, fatigués de ses paroles, en étaient pris de dégoût, Herodes, en grec selon son habitude la plus constante : "Permets-nous, lui dit-il, toi, le plus considérable des philosophes, puisque nous ne pouvons te répondre, nous que tu appelles des profanes, de te lire ce qu'Epictète, le plus grand des Stoïciens, a pensé et dit de cette jactance des gens de ton espèce". Il fit apporter le premier livre des *Entretiens* d'Epictète édités par Arrien, dans lesquels ce vieillard à qui il faut rendre un culte, poursuivit d'une juste réprimande des jeunes gens qui s'intitulaient stoïciens, et qui, sans retenue ni conduite vertueuse, émettaient un glapissement de fadaises paradoxales et d'exercices pris à des manuels d'écoliers.
>
> "(7) On lut dans le livre qui avait été apporté, les paroles que je donne en appendice. Par ces mots Epictète, avec autant de sévérité que d'esprit, a séparé et distingué du vrai et pur stoïcien qui était indubitablement au-dessus de toute contrainte, de toute nécessité, de toute entrave, libre, riche, heureux, le vulgaire des charlatans qui se disaient stoïciens, et, jetant aux yeux de qui les écoute une noire fumée de mots et d'arguties, prenaient mensongèrement le nom de la plus pure des doctrines".
>
> Aulu-Gelle, *Nuits Attiques*, Livre I, Chap. 2,
Edition Les Belles Lettres, collection Budé.

LUCIEN DE SAMOSATE

Lucien de Samosate (vers 125-vers 192) consacre nombre de ses dialogues rédigés en grec, à ridiculiser les mœurs de son époque. Dans *Contre un ignorant qui achetait beaucoup de livres*, il fait référence à la lampe d'Epictète "cet admirable vieillard".

> "De nos jours, il s'est trouvé un homme (il vit encore, je crois) qui acheta mille drachmes la lampe d'argile du stoïcien Epictète. Il espérait, sans doute, qu'en lisant la nuit à la lueur de cette lampe, la sagesse d'Epictète lui viendrait, pour ainsi dire en dormant, et qu'il égalerait bientôt cet admirable vieillard".
>
> Lucien de Samosate, "*Contre un ignorant qui achetait beaucoup de livres*",
XVIIIe siècle.

ORIGÈNE

Le philosophe platonicien Celse a rédigé l'*Alethès Logos* (*Discours véritable*) vraisemblablement vers 178, au temps de l'empereur romain Marc-Aurèle.

DOCUMENTS

C'est un livre contre la religion juive et chrétienne dont nous ne connaissons aujourd'hui le texte que par les larges citations qu'en fait le théologien grec Origène, l'un des premiers Pères de l'Eglise, dans sa tentative de réfutation (*Contre Celse*, 248). C'est à partir de ce fragment que se constitue l'épisode de la jambe brisée.

> "Comme vous auriez mieux fait, puisque vous teniez tant à innover, de vous attacher à un autre homme parmi ceux dont la mort fut héroïque et qui ont pu mériter de devenir l'objet d'un mythe divin ! Par exemple, si Héraclès, Asclépios, les anciens héros tenus en honneur ne vous plaisent pas, vous aviez Orphée, homme à l'esprit pieux comme tous en conviennent, victime lui aussi de mort violente. Mais peut-être d'autres l'avaient-ils déjà choisi ? Vous aviez du moins Anaxarque qui, jeté dans un mortier, broyé de la manière la plus inique, exprima son parfait mépris pour la torture : "Broie, broie le sac qui enveloppe Anaxarque, car lui-même tu ne peux le broyer". Parole d'un esprit véritablement divin. Mais encore, certains philosophes naturalistes vous ont devancés en le prenant pour maître. Eh bien, n'aviez-vous pas Epictète ? Comme son maître lui tordait la jambe, lui, souriant, disait sans émotion : "Tu vas la casser" ; et quand la jambe fut cassée, il ajouta : "Ne te disais-je pas que tu allais la casser ?" Qu'est-ce que votre Dieu a dit de pareil dans son supplice ?"
>
> Origène, *Contre Celse*, VII 53, Edition du Cerf, collection Sources chrétiennes, 1969.

C'est en 248, vers la fin de sa vie, que le théologien grec Origène (185-vers 251) à la demande de son ami Ambroise, un riche notable d'Alexandrie, converti au christianisme, rédige *Contre Celse*. Il s'agit, sur près de mille pages, d'une réfutation de l'ouvrage aujourd'hui perdu de Celse intitulé *Discours véritable*. Citant des passages de Celse il s'efforce à chaque fois d'en retourner l'argumentation. Il en est ainsi pour le passage concernant le martyre présumé d'Epictète.

> 54. "Il nous renvoie encore à Epictète dont il admire la noble parole. Mais ce qu'il a dit quand on lui cassait la jambe n'a rien de comparable aux œuvres miraculeuses de Jésus auxquelles Celse refuse de croire, ni à ses paroles qui, prononcées aujourd'hui avec une puissance divine, convertissent aujourd'hui encore non seulement quelques individus de la foule des simples, mais aussi un bon nombre d'hommes intelligents.
>
> 55. Après la liste de ces grands hommes, il ajoute : Qu'est-ce que votre Dieu a dit de pareil dans son supplice ? On peut lui répondre : son silence au milieu des coups et des nombreux outrages manifeste plus de fermeté et de patience que toutes les paroles dites par les Grecs soumis à la torture".
>
> Origène, *Contre Celse*, VII 54-55, Edition du Cerf,
> collection Sources chrétiennes, 1969.

D'Epictète, ce n'est pas seulement son œuvre, mais aussi sa vie (ou tout au moins certains épisodes supposés de celle-ci) qui ont servi d'exemple. A côté des martyrs chrétiens on y voit un modèle de patience. Ainsi Origène reconnait aisément à Epictète une "influence bienfaisante". Etudié et commenté, sur plusieurs siècles, Origène, un des premiers Pères de l'Eglise, va ainsi être à l'origine d'une longue tradition.

> "Et même, s'il faut oser dire, c'est à un petit nombre qu'a été utile, si toutefois il l'a été, le style élégant et raffiné de Platon et de ses imitateurs ; mais ceux qui ont enseigné et écrit dans un style plus simple, d'une manière pratique et populaire ont été utiles à un grand nombre. Ainsi on ne peut voir Platon qu'aux mains de ceux qui passent pour des lettrés, tandis qu'Epictète est admiré même des gens du commun, inclinés à en recevoir l'influence bienfaisante, car ils ont conscience que ses discours les rendent meilleurs".
>
> Origène, *Contre Celse*, VI 2, Edition du Cerf, collection Sources chrétiennes, 1969.

SIMPLICIUS

Dans la "Vie d'Epictète" mise en tête de la traduction française du *Manuel* avec le *Commentaire* de Simplicius, l'anecdote de la jambe brisée renvoie seulement à un acte fortuit.

> "Epictète était d'une patience à toute épreuve ; ni les maladies, ni les douleurs les plus grandes ne troublaient sa tranquillité ; il regardait tous ces états comme envoyés des Dieux. Il souffrait même sans murmurer et en douceur ce qui lui arrivait de plus fâcheux de la part des hommes. Il était boîteux dès sa jeunesse d'une fluxion qui lui était tombée sur une jambe, et qu'on n'avait pu guérir. On raconte que son maître Epaphrodite jouant un jour avec lui, et jouant fort rudement, Epictète lui dit plusieurs fois, *vous me casserez la jambe*. Epaphrodite continua, et lui cassa enfin sa jambe malade. *Je vous l'avais bien dit que vous me casseriez la jambe,* dit froidement Epictète, *la voilà cassée.* Aussi fut-il le premier qui réduisit toute la philosophie à ces deux mots, *s'abstenir* et *souffrir,* comme la tempérance et la patience en étant la base et le fondement".
>
> *Manuel* d'Epictète avec le *Commentaire* de Simplicius, Edition J.F. Bastien, Paris 1790.

JEAN BRUN

Professeur à la Faculté des Lettres et Sciences Humaines de Dijon, Jean Brun (né en 1919) parmi une quinzaine d'ouvrages, est l'auteur estimé de plusieurs travaux sur le stoïcisme : un "Que Sais-Je ?" aux Presses Universitaires de France : "*Le Stoïcisme* (1958) qui a connu de nombreuses rééditions, et des "textes choisis" : *Les Stoïciens* (1957) paru chez le même éditeur.

Dans ces deux ouvrages, on affirme en passant qu'Epictète est la victime de son maître Epaphrodite. Dans l'un (le *Stoïcisme*), il s'agit seulement de "quelque brodequin de torture" ; dans l'autre (*Les Stoïciens*) l'appareil devient "un brodequin d'acier" (p. 114). L'anecdote qui convient si parfaitement à une *Légende dorée* païenne, même si elle n'a aucun fondement historique a donc la vie dure ; d'autant qu'elle est aujourd'hui encore relayée par les ouvrages universitaires d'initiation. L'imagerie stéréotypée, née sous la plume de Celse dans la seconde moitié du IIème siècle, n'a sans doute pas encore achevé sa carrière...

> Epictète naquit en 50 ap. J.C., à Hiérapolis en Phrygie ; probablement fils d'esclaves, il fut lui-même esclave et vendu à Rome à un affranchi de Néron : Epaphrodite. A plusieurs reprises, Epictète nous parle de ce personnage, mais la tradition nous a conservé une anecdote bien significative : Epaphrodite avait enfermé le pied d'Epictète dans un brodequin d'acier et lui tordait la jambe afin de faire crier le philosophe stoïcien. Epictète finit par dire paisiblement : "Tu vas me casser la jambe". Le bourreau continua son office et cassa enfin la jambe d'Epictète, celui-ci constata alors : "Je te l'avais bien dit : la voilà cassée".
>
> Rendu à la liberté, probablement à la mort de son maître, Epictète continua de vivre à Rome où il habita une masure toujours ouverte, meublée d'une table et d'une paillasse. Ayant acheté un jour une lampe de fer, il fut puni d'avoir oublié son vœu de pauvreté, car un voleur la lui déroba ; Epictète se contenta de dire : "S'il revient demain, il sera fort surpris, car il n'en trouvera qu'une de terre".
>
> Jean Brun, *Les Stoïciens*, P.U.F, collection Sup, Grands textes philosophiques.

2. Les fondateurs

DIOGÈNE LAËRCE

La plus grande part des informations dont nous disposons aujourd'hui sur le stoïcisme antique du IIIème siècle avant J.-C. provient du recueil de Diogène Laërce, *Vie, Doctrines et Sentences des philosophes illustres*, sans doute composé au début du IIIème siècle ap. J.-C. (soit près de cinq ou six cents ans après les événements rapportés).

Ce qu'il rédige se présente comme "un catalogue des choses qui ont été dites sur les philosophes" avec les références aux divers historiens de la philosophie dont les textes subsistent encore en son temps, et qu'il compile soigneusement mais sans discrimination. Ce qui explique la quantité d'anecdotes rapportées, dont certaines sont encore présentes dans nos modernes histoires de la philosophie. Le plan suivi est généralement toujours le même : nom et origine, éducation et formation intellectuelle, choix d'une secte, faits notables de la vie, etc...

Les différentes "notices" concernent Zénon, Ariston, Herillos, Denys, Cléanthe, Sphéros et Chrysippe. Les dissidents de l'Ancien Portique sont donc présents (Ariston, Herillos, Denys) mais par contre il n'y a rien sur ce qu'il est convenu d'appeler le Moyen Stoïcisme (Panetius, Posidonius) ni sur le Stoïcisme de l'époque impériale (bien que ses représentants soient chronologiquement bien plus proches, distants seulement d'un siècle).

Ici, un extrait du début de la notice consacrée à Zénon, le fondateur de la doctrine.

> Zénon, fils de Mnaséas (ou de Déméos) était originaire de Cittium, ville de l'île de Chypre, citadelle des Hellènes, mais possédée par des colons phéniciens. Il avait le cou de travers (cf. Timothée d'Athènes, *Vies*). Apollonios de Tyr dit qu'il était maigre, grand et noir de peau, d'où vient qu'il fut surnommé palmier d'Egypte (cf. Chrysippe, premier livre des *Proverbes*). Il avait de gros mollets et le corps flasque et faible. Pour cette raison (cf. Persée, *Mémoires*) il acceptait rarement d'aller aux banquets. Il aimait beaucoup, dit-on, les figues fraîches ou séchées. Il fut disciple de Cratès, je l'ai dit plus haut. On dit encore qu'il fut élève de Stilpon et de Xénocrate pendant dix ans (cf. Timocrate, *Vie de Dion*) et aussi de Polémon. Hécaton et Apollonios de Tyr (*Vie de Zénon*, Livre I) disent qu'il consulta l'oracle pour savoir ce qu'il devait faire pour bien vivre, et qu'il reçut pour réponse le conseil de devenir couleur des morts. Ayant compris l'allusion, il se mit à l'étude des anciens. Finalement, il s'attacha à Cratès. Voici comment : il avait acheté de la pourpre et l'amenait par mer de Phénicie au Pirée, mais il fit naufrage près du port. Il monta à Athènes, et âgé de trente ans déjà, il s'installa près d'une librairie. Là il lut le deuxième livre des *Mémorables* de Xénophon, et en fut si charmé qu'il chercha où vivaient ses semblables. Par chance, Cratès vint à passer, le libraire le lui montra du doigt et lui dit : "Suis cet homme".

Dès lors, il alla écouter Cratès, étant d'ailleurs lui-même fort disposé à philosopher, mais un peu trop timide encore pour s'habituer à l'impudence des Cyniques. Cratès, voulant l'aguerrir, lui donna un pot de purée de lentilles à porter à travers le quartier du Céramique et, voyant que Zénon en avait honte et essayait de se cacher, il frappa le pot et le cassa d'un coup de bâton. Zénon se mit à fuir, sentant la purée qui lui coulait le long des jambes, et Cratès lui dit : "Pourquoi te sauves-tu, petit Phénicien, je ne t'ai pas fait de mal !" Il fut donc pendant quelque temps élève de Cratès.

Diogène Laërce, *Vie, Doctrines et Sentences des philosophes illustres*,
Edition Garnier Flammarion.

CLÉANTHE

Cléanthe est né à Assos, en Troade, région de l'Asie Mineure. Tardivement, vers 280, il se rend à Athènes où il suit pendant dix-neuf ans l'enseignement de Zénon de Cittium, fondateur du stoïcisme. Il lui succède (en 262) à la tête de l'école et à lui-même pour disciple Sphéros du Bosphore et Chrysippe.
Si, pour l'essentiel, ce philosophe de l'Ancien Stoïcisme reprend les thèses de son maître Zénon, il accentue sa représentation moniste et panthéiste du monde : le feu, ou le souffle primitif ou encore Dieu, est répandu en toutes choses, et le monde entier est Dieu. Il emprunte à Diogène la notion de *tension* (*tonos*) et du domaine de la morale, l'applique à la physique, cette tension organisant la matière. Enfin il substitue à la formule première de Zénon "vivre en accord avec soi-même", le principe "vivre conformément à la nature".
De ses nombreux livres où il polémique avec Démocrite ou avec les épicuriens, nous ne connaissons plus guère aujourd'hui que les titres mentionnés par Diogène Laërce, cinquante brefs fragments cités ici ou là dans des œuvres éparses, et une quarantaine de vers d'un *Hymne à Zeus* conservés par le compilateur grec Stobée (Vème siècle ap. J.-C.) dans l'anthologie que constitue son *Florilège*. S'y expriment le sentiment de l'absolue dépendance de toutes choses, du ciel, de la terre ou de la mer, à l'égard de Dieu (Zeus) et la vanité de la rébellion des méchants contre l'ordre divin, car le monde n'en obéit pas moins aux lois de la divine raison.
La prière qu'exprime Cléanthe, c'est d'obtenir la délivrance de l'ignorance mauvaise et de participer à la sagesse qui lui permettra de chanter l'ordre divin et la loi universelle.
Epictète dans le *Manuel* (Chap. 53) cite d'autres vers de Cléanthe qui sont aussi une invocation à Zeus :

"Mène-moi, O Zeus, ainsi que toi, Destinée, / Là où vous m'avez un jour fixé ma place ; / Comme je suivrai sans hésiter ! Quand bien même je ne le voudrais pas, / Devenu méchant, je ne suivrai pas moins".

HYMNE À ZEUS

O Toi qui est le plus glorieux des immortels, qui as des noms multiples, tout-puissant à jamais,
Principe et Maître de la Nature, qui gouvernes tout conformément à la loi,
Je te salue, car c'est un droit pour tous les mortels de s'adresser à toi,
Puisqu'ils sont nés de toi, ceux qui participent à cette image des choses qu'est le son,
Seuls parmi ceux qui vivent et se meuvent, mortels, sur cette terre.
Aussi je te chanterai et célèbrerai ta puissance à jamais.
C'est à toi que tout cet univers, qui tourne autour de la terre,
Obéit où que tu le mènes, et de bon gré il se soumet à ta puissance,
Tant est redoutable l'auxiliaire que tu tiens en tes mains invincibles,
Le foudre à double dard, fait de feu, vivant à jamais ;
Sous son choc frémit la Nature entière.
C'est par lui que tu diriges avec rectitude la raison commune, qui pénètre toutes choses
Et qui se mêle aux lumières célestes, grandes et petites...
C'est par lui que tu es devenu ce que tu es, Roi suprême de l'univers.
Et aucune œuvre ne s'accomplit sans toi, ô Divinité, ni sur terre,
Ni dans la région éthérée de la voûte divine, ni sur mer,
Sauf ce qu'accomplissent les méchants dans leurs folies.
Mais toi, tu sais réduire ce qui est sans mesure,
Ordonner le désordre ; en toi la discorde est concorde.
Ainsi tu as ajusté en un tout harmonieux les biens et les maux
Pour que soit une la raison de toutes choses, qui demeure à jamais,
Cette raison que fuient et négligent ceux d'entre les mortels qui sont les méchants ;
Malheureux, qui désirent toujours l'acquisition des biens
Et ne discernent pas la loi commune des dieux, ni ne l'entendent,
Cette loi qui, s'ils la suivaient intelligemment, les ferait vivre d'une noble vie.
Mais eux, dans leur folie, s'élancent chacun vers un autre mal :
Les uns, c'est pour la gloire qu'ils ont un zèle querelleur,
Les autres se tournent vers le gain sans la moindre élégance,
Les autres, vers le relâchement et les voluptés corporelles ;
... ils se laissent porter d'un objet à l'autre
Et se donnent bien du mal pour atteindre des résultats opposés à leur but.
Mais toi, Zeus, de qui viennent tous les biens, dieu des noirs nuages et du foudre éclatant,
Sauve les hommes de la malfaisante ignorance,
Dissipe-la, ô Père, loin de notre âme ; laisse-nous participer
A cette sagesse sur laquelle tu te fondes pour gouverner toutes choses avec justice,

Afin qu'honorés par toi, nous puissions t'honorer en retour
En chantant continuellement tes œuvres, comme il sied
A des mortels ; car il n'est point, pour des hommes ou des Dieux,
De plus haut privilège que de chanter à jamais, comme il se doit, la loi universelle.

Cléanthe, Les Stoïciens, Gallimard, Pléiade.

CHRYSIPPE

Chrysippe (vers 277-204 av. J.-C.) prit la direction du Portique à la mort de Cléanthe (232). Il fut ainsi le troisième scholarque de l'école stoïcienne. Il fut le créateur de la logique stoïcienne et se montra un dialecticien de première force face aux objections d'Arcésilas philosophe *de la Nouvelle Académie* ou à celles de l'école de Mégare. Auteur de nombreux écrits se rapportant à la *Morale* ou à la *Physique* (*De la nature, Des Dieux, Du Destin, De la Providence, De l'Ame*) il constitua ce qui par la suite fut considérée comme la véritable doctrine stoïcienne : la sympathie universelle, l'idée d'un souffle premier (pneuma), la notion de cause principale, etc...

Des *Fragments* de son traité *De l'Ame* ont été reproduits par le médecin grec Gallien. Et tout ce qui reste de son œuvre "Fragments de Chrysippe, Logique et Physique") est rassemblé par Hans von Arnim dans le Tome II des *Stoïcorum veterum Fragmenta*, Stuttgart, Teubner 1903-1905 (réédité en 1964) et constitue la trace d'une œuvre considérable de près de sept cents ouvrages aujourd'hui perdus.

> L'Ame est un souffle qui grandit avec nous, continu, se répandant dans tout le corps jusqu'à ce que le souffle bienfaisant de la vie soit présent dans tout le corps. Une fois les parties de ce souffle bien distribuées dans chaque partie du corps, celle qui se dirige vers la trachée-artère, nous l'appelons voix, celle qui tend vers les yeux, vue, celle qui passe par les narines, odorat, celle qui se situe sur la langue, goût, celle qui concerne le corps tout entier, toucher, celle qui va vers les testicules, sperme, et la partie vers laquelle convergent tous ces souffles, située dans le cœur, hégémonique. Sur les autres questions, il y a accord mais au sujet de la partie directrice de l'âme, il y a désaccord, chacun la situant ailleurs : les uns dans la région de la poitrine, les autres dans la tête ; ils ne s'accordent pas non plus sur la partie de la poitrine ou de la tête.
>
> Platon dit que l'âme se divise en trois parties, mais que la partie qui possède la raison est située dans la tête, l'âme de la volonté ou courage dans la région de la poitrine, celle du désir près du nombril.

Chrysippe, *Les Stoïciens*, Editions Bordas, collection "Pour comprendre la pensée de ...".

3. Autour d'Epictète

MUSONIUS RUFUS

Le philosophe stoïcien Musonius Rufus (25-80 ? ap. J.-C.) est réputé avoir été un des maîtres de Pline le Jeune et d'Epictète alors que ce dernier, venu de la Phrygie est encore esclave à Rome.

C'est un chevalier romain d'origine toscane (il est né à Vulsinum en Etrurie) qui enseigne à Rome jusqu'à ce que Néron, en 65, l'exile à Gyaros, petite île des lointaines Cyclades. Il reviendra à Rome, à la mort de Néron (68), sera exilé à nouveau sous Vespasien (70-79) mais retournera définitivement à Rome sous Titus, avec lequel il noua amitié.

On lui doit des *Diatribes*, qui témoignent de son enseignement moral auprès des jeunes gens qu'il exhorte avec sévérité au bien.

> A cette heure, dans le soin des malades, on ne demande à personne d'être sans erreur qu'au médecin, et dans le jeu de la lyre on ne le demande à personne qu'au musicien, et dans le maniement du gouvernail on ne le demande à personne qu'au pilote : mais dans l'art de vivre on ne demande plus au seul philosophe d'être sans erreur, qui pourtant semble seul prendre soin de la vertu, mais on le demande à tous également, même à ceux qui n'ont jamais fait de la vertu leur occupation particulière. Il est donc évident que rien n'en est la cause que le fait que l'homme est porté à la vertu.
>
> Et voici encore une grande preuve de ce que nous avons naturellement participation à la vertu, c'est que tous parlent d'eux-mêmes comme possédant la vertu et étant bons. Nul dans la multitude, si on lui demande s'il est déraisonnable ou raisonnable, n'accordera qu'il est déraisonnable ; et non plus si on lui demande s'il est juste ou injuste, il ne dira qu'il est injuste. Pareillement si on lui demande s'il est tempérant ou intempérant, il répond, ainsi interrogé, qu'il est tempérant. Et d'une façon générale, si quelqu'un se voit demander s'il est bon ou mauvais, il répondra qu'il est bon, et cela sans qu'il puisse nommer aucun maître qu'il ait eu dans les vertus de l'honnête homme et sans qu'il puisse dire qu'il ait fait de la vertu son étude ou son exercice.
>
> Cela donc, de quoi est-ce la preuve, sinon de ce qu'il y a dans l'âme de l'homme un fondement naturel à la parfaite honnêteté, et de ce qu'il y a en chacun de nous un germe de la vertu ? Bien plus, comme il est tout à notre avantage d'être bons, tantôt nous nous illusionnons dans la pensée que nous sommes réellement bons, tantôt nous rougissons d'accorder que nous ne sommes pas bons.
>
> Car enfin pourquoi, par les dieux, quand il s'agit de lettres, ou de musique, ou d'art de la lutte, nul, s'il n'a pas appris, ne dit qu'il sait ni ne prétend posséder ces arts s'il ne peut nommer un maître à l'école duquel il

les ait appris, mais quand il s'agit de vertu tout un chacun fait profession qu'il la possède ? C'est que, de ces autres arts, il n'y a jamais participation naturelle à l'homme et nul ne vient dans la vie en en possédant les fondements, tandis que chacun de nous a en soi des germes de la vertu.

Musonius Rufus, *Diatribes*, in *Telès et Musonius*, traduction A.J Festugière, Vrin 1798.

SÉNÈQUE

Pour les historiens, Sénèque (1-56 ap. J.-C.) né à Cordoue, dans une Espagne romanisée depuis deux siècles, fut un homme politique fortement impliqué dans les multiples intrigues du sommet de l'Etat : il est exilé un temps en Corse par Messaline. Rappelé à Rome par Agrippine il devient précepteur puis conseiller de Néron ; puis, impliqué dans la conjuration avortée de Pison contre Néron, il reçoit de l'empereur l'ordre de se tuer. Tacite nous rapporte cet épisode où Sénèque tout en conversant avec ses amis rassemblés tend son bras pour que son médecin lui ouvre les veines, et où la mort tardant à venir il boit la ciguë...

Mais c'est aussi un philosophe qui emprunte l'essentiel de ses thèses au stoïcisme, bien que Sénèque dit : "Quand je dis notre théorie, je ne m'attache à aucun des chefs stoïciens : j'ai également le droit d'opinion". Sa production est importante : une quinzaine d'ouvrages dont des *Dialogues* (*De la brièveté de la Vie, De la Constance du sage, De la tranquillité de l'âme,* etc...) des livres sur *Les Bienfaits*, sur *La Clémence*, et de nombreuses *Lettres à Lucilius*.

Dans son livre *De la constance du Sage*, il compose un portrait du sage, dans lequel il démontre que s'il peut subir les attaques de la Nature le sage ne peut souffrir l'injustice, car il y a incompatibilité entre la vraie nature du Sage et la notion d'injustice.

> Le sage souffre donc tout comme le froid de l'hiver, ou le mauvais temps, comme des fièvres, des maladies, et autres accidents du sort, et il n'a assez bonne opinion de personne pour penser qu'on ait pu agir envers lui par raison — car il sait que seul le sage peut le faire. Chez tous les autres, ce ne sont pas dessein réfléchi, mais ruses, duperies, mouvements désordonnés de l'âme, et tout cela, il le considère comme de simples hasards. Or, le contingent se déchaîne autour de nous, et parmi les contingents, l'injustice.

> Songe encore à ceci : il y a des occasions infinies d'injustice dans les moyens dont on se sert pour nous susciter de mauvaises affaires, par exemple, à l'aide d'un accusateur suborné, ou d'une fausse accusation, ou en excitant contre nous la haine des puissants, et tous ces assassinats qui ont cours entre gens civilisés. Il est également une injustice fréquente, si l'on a arraché à quelqu'un son gain, ou une récompense longtemps convoitée, si l'on a détourné un héritage conquis au prix de longs efforts,

ou si l'on vous a aliéné la faveur d'une riche maison. Tout cela, le sage l'évite, parce qu'il sait ne vivre ni pour l'espérance ni pour la crainte. Ajoute encore que personne ne reçoit l'injustice l'esprit en repos, mais, en la ressentant, se trouble — or, le trouble est inconnu de l'homme qui s'est arraché à l'erreur, qui est maître de lui, qui jouit d'un repos profond et entier. Car, si l'injustice le touche, elle l'émeut, et l'irrite. Or, le sage ignore la colère excitée par l'apparence de l'injustice, et il ne l'ignorerait pas s'il n'ignorait aussi l'injustice, qu'il sait ne pouvoir l'atteindre. De là provient qu'il soit si fier, et si joyeux, de là vient son exaltation continuelle et sa joie. Le choc des choses et des hommes l'abat si peu que l'injustice même lui est utile : elle lui sert à s'éprouver lui-même, et à faire la preuve de sa vertu.

Sénèque, *De la Constance du Sage*, *Les Stoïciens*, Gallimard, Pléiade.

MARC-AURÈLE

L'empereur romain Marc-Aurèle (121-180 ap. J.-C.) est, avec Sénèque et Epictète, un des plus célèbres représentants du stoïcisme de l'époque impériale. A côté de *Mémoires* où il écrit l'histoire de sa vie (mais l'ouvrage est perdu) on lui doit un recueil de près de cinq cents *Pensées* réparties en douze livres et dédiées, selon son expression "à lui-même" ("l'empereur Marc Antonin à lui-même").

Marc-Aurèle est tout imprégné de stoïcisme. Il a été marqué par des philosophes stoïciens qu'il cite dans la longue liste qui ouvre les *Pensées* : Apollonius de Chalcis ("D'Apollonius : l'indépendance et la décision sans équivoque"), Sextus de Cheronée ("De Sextus : la bienveillance"), Catulus ("De Catulus : ne jamais être indifférent aux plaintes d'un ami"). Il a pour conseiller intime Junius Rusticus, qui lui prête, de sa bibliothèque, "les écrits conservant les leçons d'Epictète".

Et ces leçons d'Epictète il les connait bien, jusqu'à citer des passages qui ne nous sont maintenant plus connus que par la citation qu'il en fait (et qui témoignent de chapitres ou de livres perdus) comme par exemple : "*Tu n'es qu'une âme chétive qui soulève un cadavre*" *comme disait* Epictète, *Pensées*, Livre IV 41.

Il reprend souvent aussi d'Epictète le mode de composition ternaire marquant le rapport de l'homme avec le cosmos, le rapport de l'homme avec les autres hommes, et enfin le rapport de l'homme avec lui-même, comme on le voit dans certaines pensées de cet extrait (*Pensées*, Livre VIII). Les thèmes sont identiques : celui du désir, du bonheur, de la douleur, de la mort...

XXVI — Bonheur de l'homme : faire ce qui est le propre de l'homme. Et ce qui est le propre de l'homme, c'est d'être bienveillant envers ses pareils, de mépriser les mouvements des sens, de discerner les idées qui méritent créance, de contempler la nature universelle et tout ce qui arrive conformément à sa loi.

XXVII — Trois relations : l'une avec la cause qui m'environne ; l'autre avec la cause divine, d'où tout arrive à tous, et la troisième avec mes compagnons d'existence.

XXVIII — Ou la douleur est un mal pour le corps — qu'il le déclare donc ! — ou bien pour l'âme. Mais il est permis à l'âme de conserver sa propre sérénité, son calme et de ne pas opiner que la douleur est un mal. Tout jugement, en effet, tout élan, tout désir, toute aversion enfin est au-dedans de nous, et rien d'autre jusque-là ne pénètre.

XXIX — Efface les représentations imaginaires en te disant continuellement à toi-même : "A présent, il est en mon pouvoir qu'il n'y ait en cette âme aucune méchanceté, aucun désir, ni en un mot aucun trouble. Mais, voyant toutes choses comme elles sont, je tire parti de chacune selon sa valeur." Souviens-toi de ce pouvoir que tu as par nature.

XXX — Parler, soit au Sénat, soit à n'importe qui avec décence et distinctement ; se servir d'un langage sain.

XXXI — La cour d'Auguste, sa femme, sa fille, ses descendants, ses ascendants, sa sœur, Agrippa, ses alliés, ses familiers, ses amis, Aréus, Mécène, ses médecins, ses sacrificateurs, toute cette cour a disparu. Passe ensuite à d'autres, à la mort, non plus d'un homme, mais par exemple, à celle de tous les Pompées. Songe à ce qui est gravé sur les tombeaux : "Le dernier de la race". Que de tourments s'étaient donnés les ancêtres pour laisser un héritier ! Il a fallu pourtant qu'il y eût un dernier, et ce fut là encore la disparition de toute une lignée !

Marc-Aurèle, *Pensées*, traduction de Mario Meunier, Garnier Flammarion Poche.

4. Contre le stoïcisme

PLUTARQUE

Né à Chéronée, ville grecque de Béotie, Plutarque (vers 45-120) a été à Athènes l'élève du philosophe platonicien Ammonios. Il fait plusieurs séjours à Rome où il enseigne la philosophie et devient le familier de puissants personnages.

Revenu en Grèce vers 90, il poursuit sur une multitude de sujets la rédaction de très nombreux ouvrages dont le plus célèbre sans doute, grâce à la traduction du grec en français qu'en fait, en 1559, Amyot, a pour titre *Vies Parallèles* où il compare terme à terme des biographies d'hommes illustres grecs et latins. Il assume pendant plusieurs années diverses charges dont celle de prêtre du temple de Delphes, tout en continuant d'écrire des traités dans tous les domaines que lui permet d'aborder sa vaste érudition. Quant à son orientation philosophique (qui s'exprime dans des œuvres comme *La Génèse de l'âme dans le "Timée"*, *Questions platoniciennes*, etc...) il se montre constamment fidèle au dualisme de la pensée platonicienne et se classe résolument comme un opposant de la philosophie épicurienne et plus encore de la philosophie stoïcienne, dont il rejette le monisme et réprouve l'effort d'unification.

Contre le stoïcisme il rédige plusieurs opuscules dont la valeur principale est de nous fournir des citations des philosophes de l'Ancien Stoïcisme (Zénon, Cléanthe, Chrysippe) dont les œuvres nous sont aujourd'hui perdues.

Dans le traité *Des contradictions des Stoïciens*, Plutarque dénonce le contraste entre les principes et la conduite (beaucoup de stoïciens ayant mené une sorte de vie épicurienne...) montre les étranges aberrations auxquelles peut conduire le principe de ne pas tenir compte des opinions et met en avant les contradictions de tel ou tel point du système (texte ci-après).

Dans *Sur les notions communes, contre les Stoïciens*, il tente d'opposer dans le dialogue de Diadoumène (l'athlète vainqueur, porteur de bandeau) et de son compagnon, le bon sens — les notions communément acceptées — aux thèses stoïciennes éloignées du sens commun (texte ci-après).

L'INDIFFÉRENCE DU SAGE

Il te paraîtra, je pense, encore plus contraire au sens commun de dire que le sage ne se soucie pas de l'absence ou de la présence des biens les plus grands, mais serait, au milieu de ces biens, tel qu'il est au milieu des choses indifférentes, dans ses affaires et l'administration de sa maison. Car nous tous "qui mangeons les fruits de la vaste terre", dont la présence est pour nous profitable et dont l'absence est un manque qui provoque le désir, nous pensons qu'ils sont désirables, bons et utiles, et que, si nous nous occupons sérieusement d'une affaire et non par jeu et par délassement, elle n'est pas indifférente. Car nous distinguons l'homme futile dans ses actes de l'homme laborieux en ce que l'un travaille à des choses inutiles et indifférentes, tandis que l'autre a un but utile et avantageux. Mais pour les Stoïciens, c'est tout le contraire. Car, chez eux, l'homme sage et prudent qui a beaucoup de perceptions et de souvenirs de ces perceptions pense que très peu le concernent ; il ne s'en soucie pas, et il pense qu'il ne gagne pas plus à s'en souvenir qu'à se souvenir que, l'an passé, il a eu la perception de Dion qui éternuait ou de Théon qui jouait à la balle. Et pourtant, toute perception chez leur sage, et le souvenir qui acquiert sûreté et solidité sont par là-même science, et la science est un bien et même le plus grand des biens. Le sage a-t-il aussi peu de souci de sa santé qui décline, d'un organe des sens malade, de la perte de sa fortune, et croit-il que rien de cela ne le concerne ? Quand il est malade, il paye des honoraires aux médecins ; pour sa fortune, il prend la mer et va chez Leucon, le dynaste du Bosphore et ses voyages l'amènent jusque chez le Scythe Idanthyrsos ; c'est Chrysippe qui dit : "Il y a des sensations dont la perte rend la vie insupportable". Comment donc n'avouent-ils pas que leur philosophie est contraire au sens commun, puisqu'ils travaillent et peinent tellement pour des choses indifférentes, tandis qu'ils sont indifférents à la présence ou à l'absence de grands biens ?

Plutarque, *Sur les Notions communes*, *Contre les Stoïciens*, in *Les Stoïciens*, Gallimard, Pléiade.

LIMITATION DU POUVOIR DIVIN

En outre, il (Chrysippe) a souvent écrit que rien au monde n'est répréhensible ni critiquable, puisque tout s'y opère conformément à l'être parfait ; mais en certains passages, il admet inversement qu'il y a des négligences fort répréhensibles et qui ne portent pas sur des choses petites et méprisables. Ayant indiqué au troisième livre *De l'essence*, que des choses de ce genre arrivent aux honnêtes gens, il dit : "Est-ce par négligence comme dans les grandes maisons où traînent par terre un peu de son et quelques grains de blé, quoique tout y soit bien rangé ? ou bien est-ce parce que, dans ces cas-là, il se constitue des êtres démoniaques inférieurs qui sont réellement coupables de négligence ?" Il dit aussi qu'il y a un fort mélange de nécessité. Que de malheurs arrivés aux gens de bien, tels que la condamnation de Socrate, la mort de Pythagore brûlé vif par les partisans de Cylon, les morts de Zénon et d'Antiphon mis en croix l'un par le tyran Demylos, l'autre par Denys — que ces malheurs, dis-je, soient comparés à du son tombé, je laisse de côté le mauvais goût de la comparaison ; mais dire que, du fait de la providence, il se constitue de mauvais démons pour de pareilles fonctions, comment n'est-ce pas un reproche à faire à Dieu ? N'est-il pas comme un roi qui confie le gouvernement à ses satrapes ou à des généraux méchants et impitoyables et qui est indifférent aux traitements et aux insultes infligés par eux aux meilleurs des hommes ? Et s'il dit qu'il y a là un fort mélange de nécessité, c'est que Dieu ne domine pas sur toute chose et que le gouvernement de l'univers n'est pas en tout conforme à sa raison.

Plutarque, Ibid.

SEXTUS EMPIRICUS

Médecin grec du IIIème siècle ap. J.-C., qui a vécu à Athènes, à Alexandrie et peut-être à Rome (mais nous ne savons en réalité presque rien de sa vie, sinon qu'il a dû être un contemporain légèrement plus jeune de Galien) Sextus Empiricus reprend à son compte et prolonge la tradition du scepticisme ancien de Pyrrhon et celle du probabilisme de la Nouvelle Académie (Arcésilas, Carnéade) mettant en cause l'idée d'un critère permettant de distinguer le vrai du faux, critiquant la notion de cause, rejetant la valeur du signe indicatif qui prétendrait révéler quelque chose au-delà du phénomène.

Il s'en prend aux dogmatismes, entendons par là des doctrines philosophiques constituées prétendant "avoir trouvé la vérité" : doctrine d'Aristote, d'Epicure, les Stoïciens, mettant à part l'Académie ("il semble à juste titre y avoir trois philosophies principales : le Dogmatisme, l'Académie, le Scepticisme").

Aussi attaque-t-il le stoïcisme à plusieurs reprises : par exemple sur le thème du Bien et du Mal (*Contre les moralistes*, Chap. II), sur le thème du vide (*Esquisses Pyrrhoniennes*, Chap. XXVIII n° 124) ou encore dans *Contre les Moralistes*, sur "le bon, le mauvais et l'indifférent".

> Puisque la controverse que nous menons ici contre les Dogmatiques porte principalement sur le discernement du bien et du mal, il conviendra avant toutes choses de fixer ces notions ; car, de l'avis du sage Epicure, "il n'est possible ni de chercher ni de douter sans une prénotion". Or les Stoïciens s'en tenant aux notions qu'ils appellent communes, définissent le Bien de cette manière : "Le Bien est l'utile ou rien qui soit étranger à l'utile" entendant par utilité la vertu et l'action droite et comme n'étant pas étranger à l'utilité l'homme bon et l'ami. Car la vertu étant un certain état de la partie qui nous dirige et l'action droite étant une activité en accord avec la vertu, sont évidemment choses utiles ; par contre l'homme bon et l'ami, appartenant eux-mêmes aussi à la catégorie des choses bonnes, ne peuvent être dits utiles ni être étrangers à l'utilité. En voici la raison. Les parties, disent les disciples des Stoïciens, ne sont ni les mêmes que leurs touts ni différentes de leurs touts, comme la main par exemple n'est ni la même que l'homme entier (car la main n'est pas l'homme entier), ni autre que le tout (car l'homme entier est considéré comme homme quand il possède sa main). Puisque donc la vertu est une partie à la fois de l'homme bon et de l'ami, et que les parties ne sont ni les mêmes que leurs touts ni autres que leurs touts, l'homme bon et l'ami sont dits "n'être pas étrangers à l'utile". De telle sorte que toute chose bonne est comprise dans la définition, soit qu'elle soit directement "utile" soit qu'elle ne soit "pas étrangère à l'utile". De là, par corollaire, ils établissent que "le Bien" a trois significations, et pour chacune ils le décrivent d'une manière distincte. En un sens, disent-ils, "Bien" signifie ce par quoi ou à partir de quoi peut être obtenu "l'utile" : voilà ce qui est principalement Bien et

Vertu : car de la vertu comme d'une source découle naturellement tout ce qui est utile. Et en un autre sens, le bien est ce dont l'utile résulte accidentellement ; ainsi non seulement les vertus seront appelées "bonnes" mais aussi les actions qui leur sont conformes, en tant qu'il en résulte de l'utilité. Et, dans le troisième et dernier sens, ce qui est susceptible d'être utile est dénommé "bon", cette définition comprenant les vertus, les actions vertueuses, les amis, les hommes bons et en même temps des dieux et de bons génies. Et c'est pourquoi Platon et Xénocrate ne veulent pas dire la même chose que les Stoïciens quand ils disent que le mot Bien peut être pris dans plusieurs sens. Car lorsque les premiers déclarent que l'Idée est appelée Bien en un sens et que ce qui participe à l'idée l'est en un autre sens, ils proposent des significations qui diffèrent grandement l'une de l'autre et n'ont pas de rapport entre elles, comme nous voyons dans le cas du mot "chien". En effet précisément ce mot a des sens sous lesquels tombent aussi bien l'animal aboyant que l'animal marin et, outre ceux-là, le philosophe et par-dessus le marché l'étoile ; mais ces sens n'ont rien de commun et le premier n'est pas compris dans le second, ni le second dans le troisième ; de même dans l'affirmation que l'idée et ce qui participe à l'Idée est un bien, il y a un énoncé de significations mais qui sont distinctes et n'ont pas de relation mutuelle. Telles étaient du reste, comme je l'ai déjà dit, les opinions des penseurs plus anciens ; mais les Stoïciens soutinrent que, dans le cas du mot "Bien", la seconde signification devrait comprendre la première, et la troisième, les deux autres. Et il y en a eu quelques-uns qui ont déclaré que "le Bien est ce qui est désirable en soi". Et d'autres énoncent la chose ainsi : "Le Bien est ce qui contribue au bonheur" ; et certains : "Ce qui aide à obtenir le bonheur". Et le bonheur comme l'ont défini Zénon, Cléanthe, Chrysippe est "un cours harmonieux de la vie".

Sextus Empiricus, *Contre les moralistes*, in Sextus Empiricus,
Œuvres choisies, Aubier Montaigne 1948, pp. 102 sq.

CICÉRON

C'est après son abandon forcé de la politique, provoqué par la victoire de César sur Pompée (en 48 av. J.-C.), son exil à Brindisi, puis son retour à Rome que Cicéron (106-43 av. J.-C.) se consacre à la philosophie.
Sur quelques années (de 46 jusqu'à décembre 43, date à laquelle il est tué par les soldats d'Antoine) il rédige une dizaine d'ouvrages (*Académiques, Des Fins, De la Vieillesse, Du Destin,* etc...).
Exégète de la pensée grecque, c'est la *Nouvelle Académie* héritée de Platon qui le marque tout d'abord. Il traduit du grec en latin le *Timée* de Platon. Nourri de l'épicurisme et du stoïcisme ambiant (le philosophe stoïcien a été un de ses familiers) Cicéron qui approfondit rapidement ses connaissances par l'étude et la discussion peut être considéré à juste titre comme "le créateur de la philosophie latine".

Prenant parti pour le Platonisme, il repousse l'épicurisme qu'il réduit à un hédonisme et s'oppose le plus souvent aux thèses stoïciennes. On le voit ici dans les *Tusculanes*, Livre II (qui retranscrivent des conférences — diatribes — fictives prononcées devant un cercle d'amis par Cicéron lui-même dans l'été 45) où il ridiculise la thèse de Zénon selon laquelle "la douleur n'est pas un mal".

Les Stoïciens forment de petits syllogismes pour établir que la douleur n'est pas un mal, tout comme si le mot et non la chose faisait difficulté. Pourquoi me duper, Zénon ? Car, lorsque tu affirmes que la douleur, qui me paraît effrayante, n'est pas du tout un mal, je suis séduit, je désire savoir comment il se peut faire qu'une chose telle qu'elle me paraît à moi le comble du malheur, ne soit même pas un mal. "Rien", dit-il, "n'est un mal, si ce n'est la honte et le vice". Tu retombes dans tes niaiseries, car, l'objet de mon angoisse, tu ne l'élimines pas. Je sais que la douleur n'est pas la perversité ; trêve de leçons sur ce point ; montre-moi ceci : que j'éprouve ou non la douleur, cela n'a aucune importance. "Aucune espèce d'importance", reprend Zénon, "du moins au point de vue du bonheur, lequel dépend de la seule vertu ; mais il n'en faut pas moins le rejeter". Pourquoi ? "C'est que c'est une chose pénible, contre nature, difficile à supporter, affligeante et dure". Voilà ce que c'est d'avoir un riche vocabulaire : on est à même de dire de toutes sortes de façons ce que tout le monde désigne par un seul mot, le mal. Tu me définis la douleur, tu ne la supprimes pas, quand tu dis qu'elle est chose pénible, contre nature, difficilement supportable et tolérable ; et je ne dis pas que tu mentes, mais je dis qu'il ne fallait pas masquer derrière une forme brillante ton impuissance sur le fond.

(...) Cela posé, et quand on a fait disparaître toute cette logomachie, il n'en reste pas moins que le grand principe, auquel les Stoïciens ont raison de s'attacher et que nous désignons par le beau, le juste, le convenable, en lui donnant parfois le nom général de vertu, prévaudra de telle façon que tout ce que nous considérons par ailleurs comme les biens du corps et de la fortune paraîtra infiniment petit et insignifiant, et par suite que ni un mal particulier, ni même l'accumulation de tous les maux ne sauraient être mis en balance avec le mal qui s'attache à la honte.

Cicéron, *Tusculanes,* Livre II, Edition Les Belles Lettres, collection Budé.

LUCIEN

Né à Samosate en Syrie, l'homme de lettres Lucien (vers 125-vers 192) s'est initié à la culture grecque en Ionie et a parcouru le monde romain de l'Asie Mineure à la Gaule (où il a enseigné la rhétorique).
Vers 146, il s'installe à Athènes où il séjourne de nombreuses années en se consacrant à une intense activité littéraire (exercices de rhétorique, drames en vers, dialogues, romans, causeries, épigrammes, lettres, etc...). Dans ses

dialogues satiriques il raille les dieux, les hommes et leurs croyances, les charlatans et les philosophes.

C'est ainsi que dans *Les Sectes à l'encan*, il se moque des philosophies à la mode. Lucien met en scène, dans une salle des ventes, le dieu Zeus qui, tant bien que mal, adjuge les sectes philosophiques auprès de différents acheteurs. Hermès sert de crieur. Pythagore, Diogène, Démocrite, Héraclite, Epicure viennent de passer en vente. Maintenant c'est au tour de Chrysippe (qui représente la doctrine stoïcienne), avec tous les attributs du philosophe stoïcien : le crâne rasé, le manteau court, le bâton à la main et le visage austère, ... Et Lucien de se moquer pêle-mêle de la conception de la sagesse, du jargon de la doctrine, de la subtilité dialectique et de la logique.

ZEUS — Appelles-en un autre, le tondu ras là-bas, la mine sombre, l'homme du Portique.

HERMES _ Tu as raison, car il semble attendu par une assez grande masse de gens, de ceux qui fréquentent l'agora. Je mets en vente la vertu en personne, la plus parfaite des vies. Qui veut être le seul à tout savoir ?

L'ACHETEUR — Que veux-tu dire par là ?

HERMES — Que cet homme est le seul sage, le seul beau, le seul juste, courageux, roi, orateur, riche, législateur, etc...

L'ACHETEUR — Il est donc aussi le seul cuisinier, mon bon, et parbleu, le seul tanneur, charpentier et ainsi de suite ?

HERMES — Apparemment.

L'ACHETEUR — Viens, mon bon, et dis à ton acquéreur quel homme tu es et d'abord si tu n'es pas fâché d'être mis en vente et d'être esclave.

CHRYSIPPE — Nullement, car cela ne dépend pas de nous ; et ce qui ne dépend pas de nous est par voie de conséquence indifférent.

L'ACHETEUR — Je ne saisis par le sens de ta réponse.

CHRYSIPPE — Comment tu ne saisis pas que parmi les choses de ce genre les unes sont préférées et les autres au contraire non préférées ?

L'ACHETEUR — Je ne saisis toujours pas.

CHRYSIPPE — Naturellement ; c'est que tu n'as pas l'habitude de notre vocabulaire et qu'il te manque la représentation compréhensive ; tandis que le philosophe sérieux qui a bien étudié la logique non seulement sait cela, mais connaît la construction directe et la construction indirecte, leur nature et leur différence.

L'ACHETEUR — Au nom de la sagesse, ne me refuse pas au moins ce renseignement : que sont la construction directe et la construction indirecte ? Car j'ai été frappé je ne sais comment par le rythme de ces termes.

CHRYSIPPE — Mais je ne m'y refuse pas ; voici : quand un boiteux heurte à une pierre précisément son mauvais pied et se fait une blessure imprévue, entre cet homme et la boiterie il y avait, je suppose, construction directe, mais la blessure s'y est ajoutée en construction indirecte.

L'ACHETEUR — Oh ! quelle subtilité ! Et quelle autre connaissance particulière prétends-tu avoir ?

CHRYSIPPE — La toile de mes raisonnements qui me sert à paralyser mes interlocuteurs, à leur fermer la bouche, à les réduire au silence en leur mettant une vraie muselière. Et cette puissance se nomme le syllogisme — à lui mes chants.

L'ACHETEUR — O Seigneur ! c'est quelqu'un d'invincible et d'irrésistible, à t'entendre.

CHRYSIPPE — Vois par toi-même. Tu as un enfant ?

L'ACHETEUR — Eh bien ?

CHRYSIPPE — Si cet enfant, un crocodile le trouve errant au bord du fleuve et le ravit, s'il promet ensuite de te le rendre à condition que tu devines sans te tromper sa décision sur la restitution du bébé, quelle intention diras-tu qu'il a ?

L'ACHETEUR — La réponse est difficile. Car je ne trouve pas laquelle des deux peut me rendre l'enfant ; mais toi, au nom de Zeus, réponds et sauve-le moi, qu'il ne l'avale pas sans plus attendre.

CHRYSIPPE — N'aie pas peur, car je t'enseignerai d'autres merveilles plus grandes.

L'ACHETEUR — Que sont-elles ?

CHRYSIPPE — Le moissonneur, le dominateur, surtout l'Electre.

Lucien, *Les Sectes à l'encan*, Edition Les Belles Lettres 1967, et Université de Lyon, Faculté des Lettres, Institut F. Courby, traduction Thérèse Beaupère.

❏ 5. Le retour du stoïcisme

CÉBÈS

C'est à un philosophe grec du Ier siècle après J.-C., du nom de Cébès que l'on attribue le *Tableau*.
Une interprétation traditionnelle (mais sans doute erronée) veut que cette œuvre soit d'origine stoïco-cynique ; aussi ce texte assez bref, découpé en quarante-trois courts chapitres, a-t-il été souvent édité en grec, en latin et en arabe, depuis la Renaissance, en même temps que telle ou telle œuvre de la philosophie stoïcienne de l'époque impériale (Epictète, Marc-Aurèle). Mais plus vraisemblablement elle appartient à un courant philosophique néo-pythagoricien.
A l'entrée d'un temple de Saturne, Cébès et ses amis s'arrêtent devant un tableau mystérieux ne représentant à proprement parler ni une ville, ni un camp. "C'était une espèce d'enceinte qui en refermait deux autres, l'une plus grande, et l'autre plus petite. Il y avait une porte au-devant de la première enceinte ; une foule de peuple entourait cette porte, et l'on voyait au-dedans de l'enceinte une grande multitude de femmes". Ici sur le tableau des courtisanes qui ont nom d'*Opinion*, de *Convoitises* et de *Voluptés*. Là des femmes qui ont nom la *Force*, la *Justice*, l'*Honnêteté*, etc... Dans le temple un vieillard est là justement pour fournir des explications sur le symbolisme des scènes. Un dialogue s'engage entre les visiteurs et le vieillard. A la fin du texte, ils tombent d'accord.

> XXXVIII — "Puisque les bons et les méchants participent également à la vie, il faut conclure qu'elle n'est en soi ni un bien ni un mal. Il en est d'elle comme des opérations en chirurgie : les incisions et les brûlures, qui sont salutaires aux malades, sont nuisibles à ceux qui sont en bonne santé. De même ce n'est pas un mal de vivre, mais mal vivre est un mal."
> "*C'est juste.*"
> "Si ce raisonnement est juste, dis-moi ce que tu voudrais de préférence : vivre dans la honte ou mourir avec gloire et en héros."
> "*Mourir avec gloire, sans hésiter.*"
> "Ainsi donc la mort non plus n'est pas un mal, puisque souvent il est plus avantageux de mourir que de vivre."
> "*J'en conviens.*"
> "Il en est de même de la santé et de la maladie : il y a des moments où l'excès de santé est nuisible."
> "*C'est vrai.*"
> (...)
>
> XL — "Ce qui met du désordre et de la confusion dans les sentiments des hommes, c'est l'opinion différente qu'ils ont de ces sortes de choses. Les uns les considèrent comme un bien, et les recherchent, les autres les considèrent comme un mal, et les dédaignent. Ceux qui les estiment

comme un bien s'imaginent qu'en les possédant on est parfaitement heureux. En conséquence, ils se résignent à tout pour les posséder, et ne reculent devant aucune action impie ou infâme. Ce qui les perd, c'est leur ignorance du véritable bien. Ils ignorent que le bien ne peut jamais avoir le mal pour principe. Or, ne voit-on pas beaucoup de gens parvenus à une immense richesse par des actions criminelles et honteuses, je veux dire par la trahison, le brigandage, l'assassinat, la délation, le vol et autres méfaits ?".

"*On n'en voit que trop.*"

"Donc, s'il est vrai que le mal ne saurait être le principe du bien — vérité incontestable — et que la richesse peut avoir sa source dans de mauvaises actions, il en résulte nécessairement que la richesse n'est pas un bien".

"*Votre raisonnement est irréfutable.*"

"On ne peut acquérir la sagesse et la justice en faisant de mauvaises actions, de même que l'on ne peut devenir méchant et injuste en ne faisant que des actions louables et vertueuses. Or, comme il peut arriver que des scélérats amassent des richesses, acquièrent une grande renommée, remportent des victoires, jouissent en un mot de tous les agréments de la vie, il faut conclure qu'on ne doit point mettre toutes ces choses au rang des véritables biens. Elles ne sont en soi ni bonnes ni mauvaises ; le seul vrai bien est de posséder la sagesse, et le seul vrai mal est de ne la pas posséder."

Cébès, *Tableau*, in *Pensées* de Marc-Aurèle, suivies du *Tableau* de Cébès, traduction P. Commelin, Garnier Frères 1910.

SIMPLICIUS

Au IIIème siècle ap. J.-C., selon le témoignage du philosophe néo-platonicien Porphyre dans sa *Vie de Plotin*, il y a encore des philosophes qui se réclament expressément du stoïcisme (et de citer un certain Tryphon qui s'apparente d'ailleurs à la fois au stoïcisme et au platonisme...).

C'est qu'à défaut d'une connaissance plus précise de l'histoire institutionnelle du stoïcisme qui s'achève avec ce que nous savons de Posidonius — qui fut scholarque à Rhodes — on a l'habitude de souligner l'interpénétration des doctrines : chaque nouveau philosophe pour constituer son propre système emprunte à tel ou tel courant. La pureté des origines faite d'oppositions franches semble perdue : non seulement la *Nouvelle Académie* modifie le stoïcisme, mais le stoïcisme imprègne la *Nouvelle Académie* puis le néo-phythagorisme. Et l'histoire des doctrines s'embrouille au-delà du IIIème siècle ap. J.-C.

C'est d'ailleurs à un philosophe néo-platonicien du VIème siècle ap. J.-C., Simplicius, que l'on doit en grande partie la survivance du stoïcisme. Car non seulement Simplicius attache son nom à un célèbre *Commentaire* d'Aristote, mais c'est également dans une perspective néo-platonicienne qu'il commente le *Manuel* d'Epictète. C'est à lui qu'on doit "le jeu de mots" souvent repris autour du terme grec d'*Enchiridion* traduit évidemment par *Manuel,* mais qui signifie aussi bien "poignard"...

> Ce petit livre est appelé *Manuel*, parce qu'il doit être toujours dans la main de ceux qui veulent bien vivre, comme on appelle les courtes épées des soldats, des poignards ou manuels, parce qu'ils doivent être toujours sous la main de ceux qui veulent combattre. Ces maximes ont tant d'énergie et de force que ceux qui ne sont pas absolument morts, en sont frappés, qu'ils se reprochent leurs passions vicieuses, et qu'ils sont exacts à les corriger, les uns plus, les autres moins. Que si quelqu'un ne sent point en lui ces effets, il n'y a plus pour lui d'espérance et il ne peut être corrigé que par les peines qu'il souffrira dans les enfers.
>
> Simplicius, *Commentaire du "Manuel"*, in *Manuel* d'Epictète avec le *Commentaire* de Simplicius, traduction de Dacier, Ed. J.F. Bastien, 1715-1790.

Si l'empereur Marc-Aurèle (121-180) est à Rome le dernier des grands noms de l'école stoïcienne de l'époque impériale (Ier et IIème siècle) le stoïcisme ne disparait pas totalement pour autant. Ainsi, au VIème siècle, trouve-t-on encore un commentaire du *Manuel* d'Epictète rédigé par le philosophe néoplatonicien Simplicius et qui sera comme un relais vers le Moyen-Age.
Simplicius (né vers 500, mort à Athènes après 532) est surtout connu pour ses nombreux commentaires de divers traités d'Aristote.
Dans le *Commentaire* du *Manuel,* Simplicius donne de certains passages une interprétation symbolique. Ainsi en est-il du commentaire du chapitre VII. Rappelons-en le début du texte : "Comme dans un voyage de long cours, si ton vaisseau entre dans un port, tu sors pour aller faire de l'eau, et chemin faisant tu peux amasser un coquillage, un champignon ; mais tu dois avoir toujours ta pensée à ton vaisseau...".
Ce passage est extrait de la traduction française du *Commentaire* de Simplicius paru en 1715.

> "Et il me semble qu'il (Epictète) ne pouvait se servir d'un exemple plus propre ni plus convenable : car la mer, à cause de sa profondeur, de ses tempêtes et de ses continuelles vicissitudes, et parce qu'elle incommode ceux qui n'y sont pas accoutumés, a été prise, par les anciens mythologues pour le symbole de la naissance, soit parque ou destinée, ou comme on voudra l'appeler. Le patron du vaisseau ce sont les Dieux qui, par leur sagesse, régissent l'univers et règlent la naissance des âmes. L'entrée du vaisseau dans un port est la descente des âmes dans le lieu, la nation, la famille qui leur conviennent, et selon laquelle les unes naissent en tel lieu, en telle nation, en telle famille et de tels parents, et les autres ailleurs. La sortie pour aller faire de l'eau, c'est le soin des choses nécessaires à la vie, et sans lesquelles on ne peut la conserver : car qu'y-a-t-il de plus nécessaire pour la nourriture que l'eau ? Le coquillage et le champignon que l'on ramasse en passant, c'est comme il l'a lui-même fort

> bien expliqué, une femme, des enfants, une maison et autres choses semblables que les Dieux donnent et qu'il faut recevoir, non pas comme des biens principaux, ni comme nos biens propres, car notre bien principal c'est d'être toujours attachés à notre patron, et de ne le perdre jamais de vue ; il ne faut pas même courir à ces choses comme à des choses nécessaires, ni comme on court pour aller faire de l'eau, mais il faut les recevoir comme des choses superflues, et pourtant utiles à la vie. Que si le patron du vaisseau nous rappelle et nous donne le signal de retourner à lui et à notre véritable patrie, d'où nous sommes sortis, cours, dit Epictète, retourne vite au vaisseau en quittant toutes ces choses superflues qui t'occupent, en suivant celui qui t'appelle, et sans regarder un moment derrière toi, afin que lorsque la nature te délie, tu ne veuilles pas demeurer ici par ton propre choix."
>
> <p align="right">Simplicius, <i>Commentaire du "Manuel"</i>, Ibid.</p>

BOÈCE

Le philosophe Boèce (né à Rome vers 470) nourri de culture hellénique (il a fait ses études à Athènes) avait pour projet, grâce à ses très nombreux traductions et commentaires, de réconcilier Platon et Aristote. Mais son œuvre la plus célèbre, sans cesse traduite du latin est sa *Consolation* (plus exactement la *Consolation de la philosophie*) écrite en 524, alors que, tombé en disgrâce, il est en prison à Pavie et qu'il sera bientôt torturé puis mis à mort.

Alors qu'il se sait condamné à une mort prochaine, la Philosophie lui apparaît en songe pour lui apporter apaisement et consolation. Alternant vers et prose dans cette œuvre à la fois littéraire et philosophique, Boèce y expose sa théorie de la providence et du destin, sa manière d'envisager la relation entre le libre-arbitre et la prescience de Dieu.

Dans sa description de la "fortune" et de l'absurdité des plaintes humaines (Livre II) on trouve les accents du stoïcisme.

> "Mais je voudrais discuter un peu avec toi comme pourrait le faire la Fortune. Vois si sa cause n'est pas juste. D'où vient, ô homme, que tu t'obstines à m'accuser et à me poursuivre de tes plaintes ? Quel tort t'ai-je fait ? Quels biens possédais-tu que je t'ai enlevés ? Choisis un arbitre, celui que tu voudras, et voyons à qui appartiennent en somme les richesses et les honneurs. Si tu peux prouver que quelque mortel y ait un droit légitime, je t'accorderai sans hésiter que ce que tu réclames était bien à toi. Le jour où la nature t'a tiré du sein de ta mère, je t'ai reçu nu et dans l'indigence de toutes choses ; et si aujourd'hui tu te montres si disposé à la révolte, c'est que je t'ai élevé avec une indulgence et une tendresse excessives. Enfin, autant qu'il dépendait de moi, je t'ai entouré d'opulence et de splendeur. Maintenant il me plaît de retirer ma main :

rends-moi grâce pour avoir joui de biens qui ne m'appartenaient pas : tu n'as pas le droit de te plaindre comme si tu avais perdu les tiens propres. Pourquoi donc gémis-tu ? Je ne t'ai fait aucun dommage. Richesses, honneurs et autres choses semblables, tout cela est de mon domaine. Ce sont des esclaves qui me reconnaissent pour leur souveraine ; ils arrivent avec moi, avec moi ils se retirent. Je l'affirme sans crainte : si les biens dont tu déplores la perte avaient été à toi, tu ne les aurais pas perdus.

"Est-ce que, seule au monde, je ne pourrai user de mon droit ? Le Ciel peut faire luire des jours sereins, et les couvrir ensuite des ténèbres de la nuit. L'Année peut tantôt couronner le front de la Terre de fleurs et de fruits, tantôt l'ensevelir sous les pluies et les frimas. Il est permis à la Mer d'aplanir aujourd'hui sa nappe souriante et demain de hérisser ses flots au souffle des tempêtes. Et moi dont le caractère répugne à la constance, j'y serais enchaînée par l'insatiable cupidité des hommes ! Le changement, voilà ma nature, voilà le jeu éternel que je joue. Ma roue tourbillonne sous ma main. Elever en haut ce qui est en bas, jeter en bas ce qui est en haut, voilà mon plaisir. Monte, si le cœur t'en dit, mais à condition qu'aussitôt que la règle de mon jeu le voudra, tu descendras sans te plaindre".

Boèce, *Consolation de la philosophie*, texte remanié de l'Edition Hachette 1861, traduction en vers de Indicis de Mirandol, rééd. Edition de la Maisnie, 1981.

GUILLAUME DU VAIR

Guillaume du Vair (1556-1621) est un parlementaire qui fut selon l'expression de Gustave Lanson "l'un des chefs du parti des *Politiques*, un des plus adroits adversaires de la Ligue, un des plus énergiques restaurateurs de l'autorité royale et de la paix". En même temps qu'il accomplit son œuvre politique (il soutient celui qui deviendra Henri IV, en écartant du trône de France toute autre candidature) et sa carrière (Conseiller au Parlement de Paris, Président du Parlement de Provence, Garde des Sceaux, Evêque de Lisieux), il est un humaniste, traducteur de Démosthène et de Cicéron.
Philosophiquement il est un de ces catholiques qui assurent — un peu plus tardivement que ne l'avaient fait les protestants — la synthèse entre la morale stoïcienne et la tradition chrétienne. Ainsi son opuscule *De la Sainte Philosophie*, paru d'abord anonymement et publié un peu avant 1585, où il fait l'éloge de la philosophie, contient-il de nombreux passages à l'accent stoïcien. En témoigne ce passage, où il affirme qu'en réalité mort est vie.

Mais qu'est-ce que cette mort, de laquelle en nous fait tant de peur ? Qu'a-t-elle de si terrible que sa présence nous doive faire tourner visage et quitter le champ de bataille de la vertu pour nous tapir dans les tranchées, ou plutôt dans les terriers, de la lâcheté et couardise ? Si nous l'estimons mauvaise, c'est pour ce que nous la sentons ou pour ce que les autres l'estiment telle. Avons-nous jamais ouï la plainte de ceux qui sont morts courageusement ou pour l'honneur de Dieu, ou pour le service de leur roi, ou pour la défense de leur patrie ? Y-a-t-il eu jamais nation si barbare, si peu ornée d'humanité et, comme on dit, si éloignée du soleil, qui ne recommande par louanges la valeur de ceux qui ont sacrifié leur vie pour le public ? La mémoire de la postérité ne les a-t-elle pas tirés du tombeau pour les faire revivre en la souvenance des hommes ? Et, quand nous venons à supputer les parties de la vie de l'homme, estimons-nous le temps qu'ils ont employé à boire, manger et dormir ? ou si nous couchons principalement en compte les jours où ils ont avec ardeur combattu pour la vertu ? Ce donc que, par erreur, vous nommez vie, ce n'est que mort, puisqu'il périt sans laisser mémoire de soi ; ce que vous nommez mort est la vraie vie, puisque c'est ce qui nous fait être et durer éternellement. Il ne faut pas regarder combien nous vivons, mais comment bien nous vivons. La mort ne vient jamais trop tôt, si elle arrive avec honneur.

Ce n'est pas toutefois pour la seule opinion d'autrui et pour l'honneur que nous acquérons en bien mourant, que nous devons mépriser la mort ; c'est pour l'amour de cette seconde vie en laquelle nous entrons.

Guillaume du Vair, De la Sainte Philosophie, Paris Vrin 1946, pp. 40 sq.

C'est la traduction du *Manuel* d'Epictète par Politien (de son vrai nom A. Polizanio) qui va faire connaître la pensée stoïcienne aux humanistes. En Italie, grâce à sa première traduction publiée à Bologne (1497) puis à Venise. En Allemagne, où Politien est largement édité dès 1516, en France en 1512.
Ce sont les penseurs protestants qui sont en France les premiers à diffuser le stoïcisme avec les traductions en français d'Antoine du Moulin (1544) et d'A. Rivaudeau (1567). Plus tard, ils sont relayés par les catholiques : Guillaume du Vair traduit le *Manuel* en 1585.
On trouvera ci-dessous le texte de son avertissement "Au lecteur".

"J'ai vu un petit livre des saines affections, qui m'a bien plu, pour être plein de belles et graves sentences, propres pour affermir nos esprits en un tel temps que celui-ci. Il m'a fait venir envie de repasser sur les livres des Stoïques, et y chercher quelque consolation. Le premier qui s'est trouvé sous ma main a été le *Manuel* d'Epictète, qui est comme un plan raccourci de toute la Philosophie de sa secte. Je l'ai plus goûté que je n'avais jamais fait, aussi est-il en sa vraie saison, et m'a pris volonté de le faire Français. Comme j'y commençais, je trouvai qu'un autre l'avait ci-devant fait : toutefois l'ayant vu, je me suis résolu de lui donner la louange d'y avoir le premier travaillé, et à vous le choix de mon labeur et du sien. Bien que la simple et fidèle version de ce livret, composé de belles pièces mal cousues, et en termes nouveaux à notre langue, et outre particuliers à cette secte, dût sembler un peu rude, je n'y ai rien voulu changer, ayant seulement entrepris de le faire Français, et non pas

> éloquent. La vieillesse n'a point de plus beau fard que ses rides ; ni les anciennes statues de plus précieuse couleur que le vernis de la terre d'où l'on les tire. Aussi que cette Philosophie-ci, qui est mâle et généreuse, cherche toute sa beauté en la force de ses nerfs et vigueur de ses muscles, et non en la délicatesse et clarté de son teint.
>
> <div align="right">Guillaume du Vair, <i>Manuel</i>, Avertissement "au lecteur",
in <i>Manuel</i> d'Epictète, Librairie J. Haumont, 1946.</div>

C'est après avoir publié *La Sainte Philosophie* (avant 1585) et une traduction du *Manuel* d'Epictète (également avant 1585) que Guillaume du Vair (1556-1621) fait éditer un livre intitulé *La Philosophie morale des Stoïques*, qui sera souvent réédité jusqu'en 1650, et qui constitue un effort supplémentaire pour vulgariser un christianisme néo-stoïcien.

Dans son adresse "Au lecteur français", Guillaume du Vair déclare qu'il le publie dans la suite du *Manuel* qui a reçu un bon accueil : "J'ai pris courage de vous offrir encore ce traité, qui est de même étoffe, mais un peu plus élaboré" et il précise un peu plus avant : "Je vous avertis donc (...) que ce n'est autre chose que le même *Manuel* d'Epictète, que j'ai mis en pièces, lesquelles j'ai transposées selon l'ordre que j'ai jugé le meilleur, rassemblées avec quelques préceptes, sentences et exemples d'autres (auteurs) de cette secte, et liées de petits discours que j'ai estimés propres pour y éclaircir ce qui y était d'obscur : tellement qu'il peut servir à cette heure comme d'un sommaire de toute la discipline morale des Stoïques". On retrouvera dans un extrait (*La Philosophie morale des Stoïques*) une apologie de la philosophie où sont repris, presque mot pour mot, certains passages du *Manuel*.

> Le plus profitable enseignement que vous puisse donner la philosophie pour toutes vos actions, c'est d'examiner soigneusement quel doit être le progrès et la fin de ce que vous entreprenez, et mesurer vos forces et voir comme elles sont proportionnées à vos desseins. Celui qui se conseille sagement arrive au port qu'il s'est proposé. Celui qui vit sans conseil ressemble à ce qui flotte sur les rivières : il ne va pas, mais il est porté, et, se laissant toujours aller, enfin arrive à la mer, qui est à dire en une vaste et turbulente incertitude. Donc, en toutes choses que nous entreprendrons, prévoyons sagement quelle en doit être la fin, puis considérons les moyens que nous avons d'y parvenir et prévenons de pensée toutes les mauvaises rencontres que nous y pouvons avoir. Vous voulez vous présenter aux Jeux olympiques ? Pensez combien il y faut de peine : il faut vivre de règle, ne manger que de certaines viandes, à certaines heures, s'accoutumer au chaud et au froid, s'oindre d'huile, se couvrir de poudre, entrer en lice, être blessé et peut-être vaincu et déshonoré. Après avoir prévu tout cela, considérez de quelle habitude vous êtes, ce que votre corps peut porter, et puis entreprenez-le, si vous voulez. Si vous avez envie de faire profession de la philosophie, représentez-vous incontinent qu'il faut beaucoup endurer, se priver de beaucoup de plaisirs

et commodités, et, avec une grande patience, être moqué et gaussé de toute le monde. Si vous avez assez de courage pour l'endurer, entreprenez-le. Mais quand vous l'aurez une fois entrepris, persévérez-y constamment et suivez votre résolution comme une loi inviolable ; car, outre que le changement de dessein nous rend l'esprit flottant et incertain, il nous fait trouver ridicules, où, au contraire, la constance nous rend à la fin admirables à ceux qui, au commencement, se moquaient de nous.

Et, pour ce, ne vous étonnez pas du jugement que les autres feront de vos actions ; mettez seulement peine qu'elles soient telles qu'elles doivent. Ne vous mettez non plus en peine de les tenir cachées à ceux à qui elles ne plaisent pas : si elles ne sont pas bonnes, il ne les faut point faire du tout ; si elles sont bonnes, plus elles seront connues, plus elles seront assurées. Non que je veuille que vous affectiez d'être vus en bienfaisant et fassiez du bruit autour de la vertu, comme font ceux qui embrassent les statues pour se mettre en asile. Comme la couleur reluit bien au jour, mais elle ne va pas pour cela rechercher le soleil, ainsi seulement se tient prête pour recevoir sa lumière quand il éclaire ; aussi la vertu ne doit-elle pas chercher la gloire, mais seulement être disposée à la recevoir par le témoignage de ceux qui jugent sincèrement de son mérite. Celui qui aime la louange et l'ostentation quitte l'obéissance de la raison, pour suivre celle de l'opinion ; car il se propose de plutôt plaire à autrui qu'à soi-même.

Rien ne peut tant à faire bien réussir ce que nous entreprenons que de se bien servir de l'occasion. Le temps porte avec soi de certains moments, qui sont les saisons des affaires : si vous les perdez, votre peine demeure sans fruit. Si, à l'occasion bien prise, vous ajoutez encore la diligence, rarement manquerez-vous d'un bon succès. Et, pour ce, faut-il que ce qui a été mûrement délibéré soit diligemment exécuté, sans s'accoutumer à remettre au lendemain ce que l'on peut faire le même jour. Mais, quelque chose que nous fassions, avec quelque sagesse que nous l'entreprenions, quelque bonne occasion que nous choisissions, quelque diligence que nous y apportions, si devons-nous toujours savoir que la fortune a la plus grande part à l'événement. Nous ne sommes maîtres que de nos conseils et de nos mouvements ; tout le reste dépend d'ailleurs. C'est pourquoi tout ce que nous pouvons faire est d'entreprendre avec prudence, poursuivre avec espérance et supporter ce qui arrive avec patience. Si les bonnes entreprises ont de mauvais succès, la réponse de ce satrape de Perse servira d'excuse à tous les sages malheureux. On lui demandait pourquoi, vu qu'il était si prudent et si vaillant, ses affaires ne réussissaient mieux : "Pour ce, dit-il, que, de mes affaires, il n'y a que les conseils qui dépendent de moi ; les succès dépendent du rio et de la fortune". Il suffit que nous garantissions ce qui est de notre fait, que nous n'entreprenions rien qu'à bonne fin et ne le poursuivions que par honnêtes moyens.

Voilà les principales lois par lesquelles le Stoïque estime qu'il faut policer notre vie. Mais, pour ce que les lois sans jugements sont inutiles et comme paroles mortes, il faut, pour en tirer profit, clore toutes nos journées par une censure et examen de toutes nos actions, les épluchant tous les soirs pour voir ce qui en est conforme aux règles que je vous ai proposées passant l'ongle dessus, voir ce qui est raboteux, ce qui entrebaille, ce qui est cambré et le rajuster à la droite raison.

Guillaume du Vair, *La Philosophie morale des Stoïques*, Paris Vrin 1946, pp. 110 sq

MONTAIGNE

On a l'habitude de résumer la philosophie de Montaigne (1533-1592) par le terme de "scepticisme mesuré" (s'exprimant dans la célèbre interrogation : "Que sais-je ?").

Mais il faut se rendre compte également du formidable mouvement de popularisation de la philosophie que représentent les *Essais* (1580-1588) écrits (dès 1572) en langue vulgaire, c'est-à-dire en français, et traitant de sujets "dont la discussion avait été jusque-là comme interdite à quiconque n'avait pas pris dans quelques facultés les grades de docteur, ou pour le moins de bachelier".

Et Montaigne grand lecteur des Anciens reprend à son compte certains thèmes stoïciens : "vivre à propos", c'est se connaître pour se dominer et conserver sa liberté intérieure. C'est par cette indépendance de jugement et la maîtrise des passions que l'homme parvient au "grand et glorieux chef-d'œuvre" : la réalisation lucide de sa nature.

La philosophie stoïcienne en son temps, c'est surtout Cicéron et Sénèque. Il leur emprunte aussi l'idée, qu'il accommode à son humeur, que "philosopher c'est apprendre à mourir".

> Ils (les hommes) vont, ils viennent, ils trottent, ils dansent : de mort, nulles nouvelles. Tout cela est beau ; mais aussi quand elle arrive, ou à eux, ou à leurs femmes, enfants et amis, les surprenant à l'improviste et à découvert, quels tourments, quels cris, quelle rage et quel désespoir les accable ! Vîtes-vous jamais rien si rabaissé, si changé, si confus ? Il faut y pourvoir de meilleure heure ; et cette nonchalance bestiale, quand elle pourrait loger en la tête d'un homme d'entendement, ce que je trouve entièrement impossible, nous vend trop cher ses denrées. Si c'était ennemi qui se pût éviter, je conseillerais d'emprunter les armes de la couardise ; mais puisqu'il ne se peut, puisqu'il vous attrape fuyant et poltron aussi bien qu'honnête homme,
>
> *"De fait il poursuit même le fuyard et n'épargne ni les jarrets ni le dos tremblant d'une jeunesse lâche"*
>
> et que nulle trempe de cuirasse vous couve

"Il a beau, prudent se cacher sous le fer et l'airain la mort en fera pourtant sortir sa tête abritée"

apprenons à le soutenir de pied ferme et à le combattre. Et pour commencer à lui ôter son plus grand avantage contre nous, prenons voie toute contraire à la commune : ôtons-lui l'étrangeté, pratiquons-le, accoutumons-le, n'ayons rien si souvent en tête que la mort. A tous instants représentons-la à notre imagination, et en tous visages. Au broncher d'un cheval, à la chute d'une tuile, à la moindre piqûre d'épingle, remâchons soudain : "Eh bien ! quand ce serait la mort même ?" et là-dessus, raidissons-nous et montrons-nous fermes. Parmi les fêtes et la joie, ayons toujours ce refrain de la souvenance de notre condition, et ne nous laissons pas si fort emporter au plaisir, que parfois il ne nous repasse en la mémoire en combien de sortes cette nôtre allégresse est en butte à la mort, et de combien de prises elle la menace. Ainsi faisaient les Egyptiens, qui, au milieu de leurs festins et parmi leur meilleure chère, faisaient apporter l'anatomie sèche d'un corps d'homme mort, pour servir d'avertissement aux conviés.

"Tiens pour ton dernier jour chaque jour qui a lui pour toi : l'heure sur laquelle tu n'auras pas compté te viendra comme un heureux sursis".

Il est incertain où la mort nous attend : attendons-la partout. La méditation de la mort est méditation de la liberté : qui a appris à mourir, il a désappris à être esclave ; le savoir mourir nous affranchit de toute sujétion et contrainte : il n'y a rien de mal en la vie pour celui qui a bien compris que la privation de la vie n'est pas un mal.

Montaigne, *les Essais*, in "Lagarde et Michard", Bordas.

PIERRE CHARRON

Avocat puis théologien, Pierre Charron (1541-1603) qui a vécu un temps à la cour de la reine Marguerite de Valois, nous est connu aujourd'hui comme moraliste et homme de lettres et surtout comme familier de Montaigne (qu'il fréquente alors que lui, Pierre Charron, est vicaire général de Bordeaux de 1576 à 1593). Autorisé à porter ses armes, il apparaît comme une sorte de fils spirituel, d'autant qu'il s'est souvent inspiré à la lettre des *Essais*.

Pierre Charron a d'abord publié des ouvrages de pure théologie et d'autres qui témoignent de ses prises de position en matière politique et religieuse à l'égard des événements qui surviennent en France à la fin du XVIème siècle et qui sont marqués par d'incessantes guerres de religion. (C'est un catholique, plutôt partisan de la Ligue, et donc hostile aux protestants).

Mais également partisan de la tolérance religieuse et de l'usage de la raison, il exprime dans un livre de philosophie *La Sagesse* (1601), mis à l'Index, et remanié en un plus court *Traité de la Sagesse* (qui paraît en 1606 après sa mort), son attachement au courant encore très puissant du néo-stoïcisme (qui depuis la première moitié du XVIème siècle tente de concilier stoïcisme et christianisme) né avec Juste Lipse et Guillaume du Vair.

Dans ses ouvrages, marqués souvent par un scepticisme plus radical que celui de Montaigne, il avance l'idée d'une autonomie de la morale, dès lors séparée de la religion, l'homme ayant en lui les principes pour se bien conduire. La loi fondamentale de la moralité est mise en nous par Dieu, et elle seule doit nous éclairer dans nos actions.

La Sagesse est composée de trois livres : le premier sur la connaissance de soi et l'humaine condition, le second sur les instructions et les règles générales de la sagesse (d'où ce passage est extrait, Livre II, Chap. 3), le troisième sur les avis particuliers de la sagesse par les quatre vertus morales. L'étude de la philosophie et de la vertu est le seul moyen dont nous disposons pour redresser ce qu'il y a de mauvais en nous. Ainsi nous progresserons selon les trois degrés : de la bonté à la vertu, puis de la vertu à la perfection.

La référence au stoïcisme y est expresse.

> Le remède pour corriger, réformer, adoucir, apprivoiser et redresser cette mauvaise âpre, sauvage et tortueuse nature, la ployer et appliquer au niveau de sa générale et grande maîtresse, la nature universelle, est de recourir à l'étude de la philosophie (comme fit Socrate) et à la vertu, qui est un combat et un effort pénible contre le vice, une étude laborieuse qui requiert du temps, de la peine et de la discipline. *Virtus in arduo et circa difficile, ad januam vitutis excubant labor et sudor : Dei mortalibus virtutem laboris pretio vendiderunt* (la vertu est dans un lieu de difficile accès ; le travail et la fatigue sont toujours à la porte de la vertu: les dieux immortels nous ont vendu la vertu au prix du travail). C'est en ôtant les empêchements, pour réveiller et rallumer cette lumière presque éteinte et languissante, et faire revivre ses semences presque étouffées par le vice particulier et le mauvais tempérament de l'individu ; ainsi en ôtant la taie de devant l'œil, la vue se recouvre, et la poussière de dessus le miroir, l'on y voit clair.
>
> Par tout ceci se voit qu'il y a deux sortes de vraie preud' hommie ; l'une naturelle, douce, aisée, équilibrée, dite bonté : l'autre acquise, difficile, pénible et laborieuse, dite vertu : mais à bien dire il y en a encore une troisième, qui est composée des deux ; et ainsi il y a trois degrés de perfection. Le plus bas est une facile nature et débonnaire, dégoûtée par soi-même de la débauche et du vice ; nous l'avons nommé bonté, innocence ; le second plus haut que nous avons appelé vertu, est à empêcher de vive force le progrès des vices, et s'étant laissé surprendre aux émotions premières des passions, s'armer et se bander pour arrêter leur course et les vaincre ; le troisième et souverain est d'une haute résolution et d'une habitude parfaite, être si bien formé, que les tentations mêmes n'y puissent naître, et que les semences des vices en soient du tout déracinées, tellement que la vertu leur soit passée en complexion et en nature.

Ce dernier (degré) se peut appeler perfection : lui et le premier de bonté se ressemblent, et sont différents du second, en ce qu'ils sont sans bruit, sans peine, sans effort. C'est la vraie teinture de l'âme, son train naturel et ordinaire, qui ne coûte rien : le second est toujours en cervelle et en contraste. Ce dernier et parfait est acquis par une longue étude et un sérieux exercice des règles de la philosophie, joint à une belle, forte et riche nature ; car il y faut tous les deux, le naturel et l'acquis. C'est à quoi étudiaient ces deux sectes, la stoïcienne, et encore plus l'épicurienne (ce qui semblerait étrange, si Sénèque et d'autres encore anciens ne l'attestaient, qui en sont bien plus à croire que tous les autres plus modernes) qui avait pour ses jeux et ébats la honte, l'indigence, les maladies, les douleurs, les géhennes, la mort ; non seulement ils méprisaient, soutenaient patiemment, et vainquaient toutes âpretés et difficultés ; mais ils les recherchaient, s'en réjouissaient et chatouillaient, pour tenir leur vertu en haleine et en action, laquelle ils rendaient non seulement ferme, constante, grave et sévère, comme Caton et les Stoïciens, mais encore gaie, riante, enjouée, et s'il est permis de dire, folâtre.

Pierre Charron, *La Sagesse*, 1824 Slatkine, Reprints Genève 1968.

6. Le stoïcisme jugé par les grands philosophes

PASCAL

La rencontre de Pascal avec De Saci eu lieu en 1655 à l'abbaye de Port Royal (près de Paris, dans la vallée de Chevreuse). Pascal, après une période mondaine, vient de se convertir (la fameuse nuit du 23 Novembre 1654...) et de s'installer, loin du tumulte de la société, dans la demeure des "solitaires".
De Saci, qui a quarante et un ans (et qui est donc de dix ans l'aîné de Pascal) est "directeur de conscience".
L'*Entretien* est le récit recomposé, par Fontaine, le secrétaire de De Saci, des conversations de Pascal avec son directeur de conscience "sur Epictète et Montaigne".
Pour Pascal, Epictète et Montaigne sont deux hommes privés de Dieu. L'un, Epictète (le lutteur) a vu la grandeur de l'homme, mais seulement sa grandeur. L'autre, Montaigne (le joueur) a vu la misère de l'homme, mais seulement sa misère. Or Pascal pense qu'en réalité la nature de l'homme est double : misérable sans Dieu, grande par la grâce de Dieu.
Aussi Epictète est-il à la fois estimable parce qu'il reconnut avec justesse ce que doivent être les devoirs de l'homme, et nuisible par son orgueil (la "superbe diabolique") qui fait de l'homme le "compagnon de Dieu".

> M. Pascal dit que ses deux livres les plus ordinaires avaient été Epictète et Montaigne, et il lui fit de grands éloges de ces deux esprits. M. de Saci, qui avait toujours cru devoir peu lire ces auteurs, pria M. Pascal de lui en parler à fond.
>
> "Epictète, lui dit-il, est un des philosophes du monde qui a mieux connu les devoirs de l'homme. Il veut, avant toutes choses, qu'il regarde Dieu comme son principal objet ; qu'il soit persuadé qu'il gouverne tout avec justice ; qu'il se soumette à lui de bon cœur, et qu'il le suive volontairement en tout, comme ne faisant rien qu'avec une très grande sagesse : qu'ainsi cette disposition arrêtera toutes les plaintes et tous les murmures et préparera son esprit à souffrir paisiblement les événements les plus fâcheux. Ne dites jamais, dit-il : "J'ai perdu cela" ; dites plutôt : "Je l'ai rendu. Mon fils est mort, je l'ai rendu. Ma femme est morte, je l'ai rendue". Ainsi des biens et de tout le reste. Mais celui qui me l'ôte est un méchant homme, dites-vous. De quoi vous mettez-vous en peine, par qui celui qui vous l'a prêté vous le redemande ? Pendant qu'il vous en permet l'usage, ayez-en soin comme d'un bien qui appartient à autrui, comme un homme qui fait voyage se regarde dans une hôtellerie. Vous ne devez pas, dit-il, désirer que ces choses qui se font, se fassent comme vous le voulez ; mais vous devez vouloir qu'elles se fassent comme elles se font. Souvenez-vous, dit-il ailleurs, que vous êtes ici comme un acteur, et que vous jouez le personnage d'une comédie, tel qu'il plaît au maître de vous

le donner. S'il vous le donne court, jouez-le court ; s'il vous le donne long, jouez-le long ; s'il veut que vous contrefaisiez les gueux, vous le devez faire avec toute la naïveté qui vous sera possible ; ainsi du reste. C'est votre fait de jouer bien le personnage qui vous est donné ; mais de le choisir, c'est le fait d'un autre. Ayez tous les jours devant les yeux la mort et les maux qui semblent les plus insupportables ; et jamais vous ne penserez rien de bas, et ne désirerez rien avec excès.

Il montre aussi en mille manières ce que doit faire l'homme. Il veut qu'il soit humble, qu'il cache ses bonnes résolutions, surtout dans les commencements, et qu'il les accomplisse en secret : rien ne les ruine davantage que de les produire. Il ne se lasse point de répéter que toute l'étude et le désir de l'homme doivent être de reconnaître la volonté de Dieu et de la suivre.

Voilà, monsieur, dit M. Pascal à M. de Saci, les lumières de ce grand esprit qui a si bien connu le devoir de l'homme.

J'ose dire qu'il méritait d'être adoré, s'il avait bien connu son impuissance, puisqu'il fallait être Dieu pour apprendre l'un et l'autre aux hommes. Aussi, comme il était terre et cendre, après avoir si bien compris ce qu'on doit, voici comment il se perd dans la présomption de ce qu'on peut. Il dit que Dieu a donné à l'homme les moyens de s'acquitter de toutes ses obligations ; que ces moyens sont toujours en notre puissance : qu'il faut chercher la félicité par les choses qui sont en notre pouvoir, puisque Dieu nous les a données à cette fin, qu'il faut voir ce qu'il y a en nous de libre ; que les biens, la vie, l'estime ne sont pas en notre puissance et ne mènent donc pas à Dieu ; mais que l'esprit ne peut être forcé de croire ce qu'il sait être faux, ni la volonté d'aimer ce qu'elle sait qui la rend malheureuse ; que ces deux puissances donc sont libres, et que c'est par elles que nous pouvons nous rendre parfaits ; que l'homme peut par ces puissances parfaitement connaître Dieu, et l'aimer, lui obéir, lui plaire, se guérir de tous ses vices, acquérir toutes les vertus, se rendre saint ainsi et compagnon de Dieu. Ces principes d'une superbe diabolique le conduisent à d'autres erreurs comme : que l'âme est une portion de la substance divine ; que la douleur et la mort ne sont pas des maux ; qu'on peut se tuer quand on est si persécuté qu'on peut croire que Dieu appelle, et d'autres encore.

Pascal, *Entretiens avec M. de Saci*, Aubier Montaigne 1946.

DESCARTES

Publié à Leyde (en Hollande) en français, mais sans nom d'auteur, le *Discours de la Méthode pour bien conduire sa raison et chercher la vérité dans les sciences* parait en Juin 1637. Descartes a abandonné sa vie militaire antérieure et constitue peu à peu son système philosophique liant

métaphysique (manuscrit inachevé des *Règles pour la direction de l'esprit*) et physique (*Dioptrique, Météores*).
Mais en même temps dans le *Discours de la Méthode* (Troisième partie) il met au point "quelques règles de la morale tirée de la méthode" — et qui prend nom de *morale provisoire* : "afin, dit Descartes, que je ne demeurasse point irrésolu en mes actions, pendant que ma raison m'obligerait de l'être en mes jugements".
Cette "morale par provision" consiste en trois ou quatre maximes, dont la troisième s'est toujours vue fortement rapprochée du stoïcisme : "tâcher toujours plutôt à me vaincre que la fortune, et à changer mes désirs (plutôt) que l'ordre du monde". Les thèmes développés en ce texte sont manifestement repris d'Epictète (*Manuel*, I 1-12, VIII, XXIII, etc...) et de Sénèque (*De la vie heureuse*, XV, 7, etc...).

"Ma troisième maxime était de tâcher toujours plutôt à me vaincre que la fortune, et à changer mes désirs que l'ordre du monde ; et généralement de m'accoutumer à croire qu'il n'y a rien qui soit entièrement en notre pouvoir que nos pensées, en sorte qu'après que nous avons fait notre mieux touchant les choses qui nous sont extérieures, tout ce qui manque de nous réussir est au regard de nous absolument impossible. Et ceci seul me semblait être suffisant pour m'empêcher de rien désirer à l'avenir que je n'acquisse, et ainsi pour me rendre content : car notre volonté ne se portant naturellement à désirer que les choses que notre entendement lui représente en quelque façon comme possibles, il est certain que si nous considérons tous les biens qui sont hors de nous comme également éloignés de notre pouvoir, nous n'aurons pas plus de regret de manquer de ceux qui semblent être dus à notre naissance, lorsque nous en serons privés sans notre faute, que nous avons de ne posséder pas les royaumes de la Chine ou de Mexique ; et que faisant, comme on dit, de nécessité vertu, nous ne désirerons pas davantage d'être sains étant malades, ou d'être libres étant en prison, que nous faisons maintenant d'avoir des corps d'une matière aussi peu corruptible que les diamants, ou des ailes pour voler comme les oiseaux. Mais j'avoue qu'il est besoin d'un long exercice et d'une méditation souvent réitérée pour s'accoutumer à regarder de ce biais toutes les choses ; et je crois que c'est principalement en ceci que consistait le secret de ces philosophes, qui ont pu autrefois se soustraire à l'empire de la fortune, et, malgré les douleurs et la pauvreté, disputer de la félicité avec leurs dieux. Car, s'occupant sans cesse à considérer les bornes qui leur étaient prescrites par la nature, ils se persuadaient si parfaitement que rien n'était en leur pouvoir que leurs pensées, que cela seul était suffisant pour les empêcher d'avoir aucune affection pour d'autres choses ; et ils disposaient d'elles si absolument, qu'ils avaient en cela quelque raison de s'estimer plus riches et plus puissants, et plus libres, et plus heureux qu'aucun des autres hommes, qui, n'ayant point cette philosophie, tant favorisés de la nature et de la fortune qu'ils puissent être, ne disposent jamais ainsi de tout ce qu'ils veulent."

Descartes, *Discours de la Méthode*, in Descartes, *Oeuvres*, Gallimard Pléiade.

Le philosophe français René Descartes entre en relation avec Elisabeth, princesse palatine exilée de Bohême et réfugiée à La Haye, vers la fin de l'année 1642 ; Descartes (1596-1650) a alors quarante-six ans, Elisabeth (1618-1680) est dans sa vingt-troisième année. La correspondance, échangée en français et commencée en 1643, se prolonge à peu près jusqu'à la mort de Descartes (11 février 1650). Il en a été conservé une soixantaine de lettres.

Pour Descartes, la philosophie nous enseigne des moyens "pour acquérir cette souveraine félicité, que les âmes vulgaires attendent en vain de la fortune et que nous ne saurions avoir que de nous-mêmes" (Lettre à Elisabeth du 21 juillet 1645). Aussi pour donner un contenu à ses lettres, Descartes propose à Elisabeth de commenter le *De Vita Beata* (*De la vie heureuse*) de Sénèque (dialogue composé en latin vers 60). Cet ouvrage, particulièrement réputé au XVIème et au XVIIème siècle, nous renvoie au stoïcisme et à sa définition de la sagesse : "suivre les conseils de la nature ; ne pas s'en écarter, se régler sur sa loi et son exemple, voilà la sagesse" (Sénèque, *De la vie heureuse,* III 3). Ce qui chez Descartes devient "faire toujours tout ce que nous dicte notre raison". (Lettre à Elisabeth du 4 Août 1645).

"Il (Sénèque) dit fort bien, au commencement, que *vivere omnes beate volunt, sed ad pervidendum quid sit quod beatam vitam efficiat, caligant* (tous veulent vivre heureux, mais ils ne voient pas nettement ce qui fait le bonheur). Mais il est besoin de savoir ce que c'est que vivere beate ; je dirais en français vivre heureusement, sinon qu'il y a de la différence entre l'heur et la béatitude, en ce que l'heur ne dépend que des choses qui sont hors de nous, d'où vient que ceux-là sont estimés plus heureux que sages, auxquels il est arrivé quelque bien qu'ils ne se sont point procuré, au lieu que la béatitude consiste, ce me semble, en un parfait contentement d'esprit et une satisfaction intérieure, que n'ont pas ordinairement ceux qui sont les plus favorisés de la fortune, et que les sages acquièrent sans elle. Ainsi vivere beate, vivre en béatitude, ce n'est autre chose qu'avoir l'esprit parfaitement content et satisfait.

Considérant, après cela, ce que c'est *quod beatam vitam efficiat*, c'est-à-dire quelles sont les choses qui nous peuvent donner ce souverain contentement, je remarque qu'il y en a de deux sortes : à savoir, de celles qui dépendent de nous, comme la vertu et la sagesse, et de celles qui n'en dépendent point, comme les honneurs, les richesses et la santé. Car il est certain qu'un homme bien né, qui n'est point malade, qui ne manque de rien, et qui avec cela, est aussi sage et aussi vertueux qu'un autre qui est pauvre, malsain et contrefait, peut jouir d'un plus parfait contentement que lui. Toutefois, comme un petit vaisseau peut être aussi plein qu'un plus grand, encore qu'il contienne moins de liqueur, ainsi, prenant le contentement d'un chacun pour la plénitude et l'accomplissement de ses désirs réglés selon la raison, je ne doute point que les plus pauvres et les plus disgraciés de la fortune ou de la nature ne puissent être entièrement contents et satisfaits, aussi bien que les autres, encore qu'ils ne jouissent pas de tant de biens. Et ce n'est que de cette sorte de contentement, de laquelle il est ici question ; car puisque l'autre n'est aucunement en notre pouvoir, la recherche en serait superflue.

Or, il me semble qu'un chacun se peut rendre content de soi-même et sans rien attendre d'ailleurs, pourvu seulement qu'il observe trois choses, auxquelles se rapportent les trois règles de morale, que j'ai mises dans le *Discours de la Méthode*.

La première est, qu'il tâche toujours de se servir, le mieux qu'il lui est possible, de son esprit, pour connaître ce qu'il doit faire ou ne pas faire en toutes les occurences de la vie.

La seconde, qu'il ait une ferme et constante résolution d'exécuter tout ce que la raison lui conseillera, sans que ses passions ou ses appétits l'en détournent : et c'est la fermeté de cette résolution, que je crois devoir être prise pour la vertu, bien que je ne sache point que personne l'ait jamais ainsi expliquée ; mais on l'a divisée en plusieurs espèces, auxquelles on a donné divers noms, à cause des divers objets auxquels elle s'étend.

La troisième, qu'il considère que, pendant qu'il se conduit ainsi, autant qu'il peut, selon la raison, tous les biens qu'il ne possède point sont aussi entièrement hors de son pouvoir les uns que les autres, et que, par ce moyen, il s'accoutume à ne les point désirer ; car il n'y a rien que le désir, et le regret ou le repentir, qui nous puissent empêcher d'être contents : mais si nous faisons toujours tout ce que nous dicte notre raison, nous n'aurons jamais aucun sujet de nous repentir, encore que les événements nous fissent voir, par après, que nous nous sommes trompés, parce que ce n'est point par notre faute. Et ce qui fait que nous ne désirons point d'avoir, par exemple, plus de bras ou plus de langues que nous n'en avons, mais que nous désirons bien d'avoir plus de santé ou plus de richesses, c'est seulement que nous imaginons que ces choses ici pourraient être acquises par notre conduite, ou bien qu'elles sont dues à notre nature, et que ce n'est pas le même des autres : de laquelle opinion nous pourrons nous dépouiller, en considérant que, puisque nous avons toujours suivi le conseil de notre raison, nous n'avons rien omis de ce qui était en notre pouvoir, et que les maladies et les infortunes ne sont pas moins naturelles à l'homme, que les prospérités et la santé."

Descartes, *Lettres à la Princesse Elisabeth*, in Descartes, *Oeuvres*, Gallimard Pléiade.

SPINOZA

Dans la "Préface" de la cinquième partie de l'*Ethique* (1677) Spinoza (1632-1677) traite "de la puissance de l'entendement ou de la liberté humaine". Il y critique en un bref passage le stoïcisme : les stoïciens, dit-il, ont pensé que les sentiments dépendaient absolument de notre volonté. Alors que, dit Spinoza, "nous n'ayons pas sur eux (les sentiments) un empire absolu, nous l'avons déjà démontré plus haut".
Mais il faut reconnaître pourtant combien le projet tout entier de Spinoza est marqué par le stoïcisme. S'il reconnaît que "la puissance humaine est très limitée" et que nous n'avons pas le pouvoir absolu d'adapter à notre usage les choses extérieures (les stoïciens diraient : les choses qui ne dépendent pas de nous) il affirme que "nous sommes une partie de la Nature totale, dont nous suivons l'ordre". C'est que "en tant que nous comprenons, nous ne pouvons désirer que ce qui est nécessaire, et nous ne pouvons trouver de satisfaction absolue que dans le vrai".
On voit aussi cette influence du stoïcisme dans l'affirmation de la supériorité du Sage, thème de la scolie finale qui clôt l'*Ethique*.

> J'en ai ainsi terminé avec tout ce que je voulais montrer concernant la puissance de l'esprit sur les sentiments et concernant la liberté de l'esprit. Ainsi voit-on combien le Sage est supérieur, combien plus puissant que l'ignorant qui est poussé par ses seuls penchants. Car l'ignorant, outre qu'il est poussé de mille façons par les causes extérieures et ne possède jamais la vraie satisfaction de l'âme, vit en outre presque inconscient de lui-même, de Dieu et des choses, et sitôt qu'il cesse de pâtir, il cesse aussi d'être. Au contraire, le sage — considéré comme tel — dont l'âme s'émeut à peine, mais qui, par une certaine nécessité éternelle, est conscient de lui-même, de Dieu et des choses, ne cesse jamais d'être, mais possède toujours la vraie satisfaction de l'âme. Si, il est vrai, la voie que je viens d'indiquer paraît très ardue, on peut cependant la trouver. Et cela certes doit être ardu, qui se trouve si rarement. Car comment serait-il possible, si le salut était là, à notre portée, et qu'on pût le trouver sans grande peine, qu'il fût négligé par presque tous ? Mais tout ce qui est très précieux est aussi difficile que rare.
>
> Spinoza, *Ethique*, in *Oeuvres*, Gallimard Pléiade.

KANT

Comparer l'épicurisme et le stoïcisme, montrer leur ressemblance et en même temps leur différence, tel est le propos de Kant dans un des chapitres de la *Critique de la raison pratique* (1788) (Chapitre II : "De la dialectique de la raison pure dans la détermination du concept du souverain bien").
On sait, que pour Kant, vertu et bonheur constituent ensemble la possession du souverain bien, la vertu comme "bien suprême", le bonheur comme "bien complet". Mais les doctrines philosophiques peuvent tantôt considérer la

vertu et le bonheur comme des éléments différents (la vertu produisant alors le bonheur, comme la cause produit l'effet), tantôt considérer la vertu et le bonheur comme identiques.

Or l'épicurisme et le stoïcisme se ressemblent, car ces deux écoles ont toutes deux admis l'identité de la vertu et du bonheur. Mais également ces deux écoles s'opposent "en choisissant différemment leur concept fondamental".

Pour l'épicurien, dit Kant, le concept fondamental c'est le bonheur ("avoir conscience de sa maxime conduisant au bonheur, c'est là la vertu") ; pour le stoïcien, au contraire, le concept fondamental c'est la vertu ("avoir conscience de sa vertu, voilà le bonheur").

> Parmi les anciennes écoles grecques, il n'y en a à proprement parler que deux qui ont suivi dans la détermination du concept du souverain bien, une même méthode, en tant qu'elles n'ont pas admis la vertu et le bonheur comme deux éléments différents du souverain bien, qu'elles ont par conséquent cherché l'unité du principe, suivant la règle de l'identité ; mais, sur ce point, elles se sont séparées à leur tour en choisissant différemment leur concept fondamental. L'Epicurien disait : avoir conscience de sa maxime conduisant au bonheur ; c'est là la vertu : le Stoïcien : avoir conscience de sa vertu, voilà le bonheur. Pour le premier la prudence équivalait à la moralité ; pour le second, qui choisissait une plus haute dénomination pour la vertu, la moralité était seule la sagesse véritable.
>
> Il faut regretter que la pénétration de ces hommes' (que l'on doit cependant en même temps admirer parce qu'ils ont tenté dans des temps si reculés toutes les voies imaginables pour des conquêtes philosophiques) ait été malheureusement employée à rechercher de l'identité entre des concepts extrêmement différents, celui du bonheur et celui de la vertu.
>
> (...)
>
> Les deux écoles, cherchant à simuler l'identité des principes pratiques de la vertu et du bonheur, n'étaient pas pour cela d'abord sur la manière dont elles voulaient produire cette identité, mais elles se séparaient infiniment l'une de l'autre : l'une plaçait son principe du côté des sens, l'autre du côté logique, l'une le plaçait dans la conscience du besoin sensible, l'autre dans l'indépendance de la raison pratique à l'égard de tout principe sensible de détermination. Le concept de la vertu était déjà, d'après l'épicurien, dans la maxime qui recommande de travailler à son propre bonheur ; le sentiment du bonheur était au contraire, d'après le stoïcien, déjà contenu dans la conscience de sa vertu. Mais ce qui est contenu dans un autre concept est, à vrai dire, identique avec une partie du contenant, mais non identique au tout, et les deux touts peuvent en outre être spécifiquement différents l'un de l'autre, quoiqu'ils soient formés de la même matière, si les parties sont dans l'un et dans l'autre réunies en un tout d'une façon tout

à fait différente. Le stoïcien soutenait que la vertu est tout le souverain bien et que la vertu n'est que la forme de la maxime à suivre pour l'acquérir, c'est-à-dire qu'elle ne consiste que dans l'emploi rationnel des moyens de l'obtenir.

Kant, *Critique de la raison pratique*, traduction F. Picavet, P.U.F 1943.

HEGEL

Dans la *Phénoménologie de l'Esprit* (1807) Hegel se propose de décrire le mouvement dialectique de la conscience, depuis la naïveté première de la "certitude sensible" jusqu'à l'universalité du "savoir absolu".
Le stoïcisme y a, symboliquement et historiquement sa place, entre le moment de la dialectique du maître et de l'esclave (où le moi de la conscience s'entête à se fixer dans une détermination exclusive de l'être) et le scepticisme (qui est la réalisation de ce dont le stoïcisme est seulement le concept, "l'expérience effectivement réelle de ce qu'est la liberté de pensée").
On sait que pour Hegel le moi de la conscience de soi est séparé de l'être (comme "chôséité"). Le moi (mon être pour moi) est séparé de la vie (qui se présente comme un être en soi distinct). Le stoïcisme est une philosophie de la liberté où le moi se retrouve dans l'être (et s'y trouve comme conscience). C'est l'identité de la pensée et de la volonté (vouloir ce qui est pensé) qui représente la liberté stoïcienne.
Si bien que, selon la belle expression d'Hyppolite, pour être une conscience de soi libre,"il faut à un moment ou à un autre de sa vie être stoïcien". Le stoïcisme, comme l'est d'ailleurs n'importe quel autre système philosophique, est fils de son temps. Il ne peut surgir que dans un temps de peur et d'esclavage universels, mais aussi que dans le temps où la culture universelle "est élevée jusqu'à la hauteur de la pensée".
Cependant la limite du stoïcisme (qui sera dépassée par le scepticisme) c'est son caractère "abstrait". La liberté du sage est bien liberté, mais liberté formelle seulement postulée en pensée, et laissant le contenu de l'existence (et la vie) de l'autre côté.

> I. (Le Stoïcisme) Cette liberté de la conscience de soi, émergeant dans sa manifestation consciente d'elle-même au cours de l'histoire de l'esprit, s'est, comme c'est bien connu, nommé stoïcisme. Son principe est que la conscience est essence pensante, et qu'une chose a pour la conscience une valeur d'essentialité, ou est pour elle vraie et bonne, uniquement quand la conscience se comporte à son égard comme essence pensante.

> L'expansion multiforme de la vie se distinguant en soi-même, la singularisation et la confusion de la vie, sont l'objet sur lequel le désir et le travail exercent leur activité. Cette opération variée s'est maintenant contractée dans la distinction simple qui se trouve dans le pur mouvement de la pensée. Ce n'est pas la différence qui se présente comme chose déterminée, ou comme conscience d'un être-là naturel déterminé, comme

un sentiment ou comme désir et but pour ce désir (que ce but soit posé par la propre conscience ou par une conscience étrangère), ce n'est pas cette différence qui a ici une valeur d'essentialité ; mais ce qui est seulement essentiel, c'est la différence qui est une différence pensée ou qui immédiatement n'est pas distincte de Moi. Cette conscience se comporte donc négativement à l'égard de la relation domination-servitude ; son opération n'est pas celle du maître qui trouve sa vérité dans la volonté du maître et dans le service du maître ; mais son opération propre est d'être libre, sur le trône comme dans les chaînes, au sein de toute dépendance, quant à son être-là singulier ; son opération est de se conserver cette impassibilité sans vie, qui hors du mouvement de l'être-là, de l'agir comme du pâtir, se retire toujours dans la simple essentialité de la pensée. L'entêtement est la liberté qui se fixe à une singularité et se tient au sein de la servitude ; mais le stoïcisme est la liberté qui, sortant toujours de cette sphère, retourne dans la pure universalité de la pensée. Comme forme universelle de l'esprit-du-monde, le stoïcisme pouvait seulement surgir dans un temps de peur et d'esclavage universels, mais aussi dans le temps d'une culture universelle, qui avait élevé la formation et la culture jusqu'à la hauteur de la pensée.

Il est bien vrai que cette conscience de soi n'a pour essence ni un autre qu'elle, ni la pure abstraction du moi ; mais elle a pour essence le moi qui a en lui l'être-autre, mais comme différence pensée, en sorte que, dans son être-autre, ce moi est immédiatement retourné en soi-même. Pourtant cette essence de la conscience de soi est en même temps seulement une essence abstraite. La liberté de la conscience de soi est indifférente à l'égard de l'être-là naturel ; elle a donc aussi bien abandonné et laisse libre cet être-là, et la réflexion est une réflexion doublée. La liberté, dans la pensée a seulement la pure pensée pour sa vérité, vérité qui est ainsi sans le remplissement de la vie ; elle est donc aussi seulement le concept de la liberté, et non pas la liberté vivante elle-même ; car l'essence d'une telle liberté est seulement la pensée en général, la forme comme telle, qui, détachée de l'indépendance des choses, est retournée en soi-même. Mais puisque l'individualité comme individualité agissante, devrait se présenter elle-même d'une façon vivante, ou comme individualité pensante devrait embrasser le monde vivant comme un système de la pensée, alors dans la pensée même devrait nécessairement se trouver pour cette expansion de l'action un contenu de ce qui est bon, pour cette expansion de la pensée un contenu de ce qui est vrai, afin que dans ce qui est pour la conscience, il ne puisse y avoir aucun autre ingrédient que le concept, qui est l'essence. Mais le concept se séparant ici, comme abstraction, de la multiple variété des choses, il n'a en lui-même aucun contenu, mais il a le contenu qui lui est donné. La conscience détruit bien le contenu, comme un être étranger, lorsqu'elle le pense ; mais le concept est concept déterminé, et cette déterminabilité du concept est la chose étrangère qu'il a en lui. Le stoïcisme était donc mis dans l'embarras quand on l'interrogeait, selon l'expression d'alors, sur le *criterium* de la vérité en général, c'est-à-dire proprement sur un contenu de la pensée même. A la question : quelle chose est bonne et vraie, il donnait encore une fois en réponse la pensée elle-même sans contenu : c'est en la rationalité que doit consister le vrai et le bien. Mais cette égalité avec soi-même de la pensée n'est de nouveau que la pure forme dans laquelle rien ne se détermine ; ainsi les expressions universelles de vrai et de bien, de sagesse et de vertu, auxquelles le stoïcisme doit nécessairement s'arrêter, sont sans doute en général édifiantes, mais comme elles ne peuvent aboutir en fait à aucune expansion du contenu, elles ne tardent pas à engendrer l'ennui.

Cette conscience pensante, telle qu'elle s'est déterminée comme la liberté abstraite, n'est donc que la négation encore imparfaite de l'être-autre. S'étant seulement retirée en soi-même, en sortant de l'être-là, elle ne s'y est pas accomplie comme négation absolue de cet être-là. Le contenu vaut bien pour elle, comme pensée seulement, mais en outre comme pensée déterminée, et en même temps comme la déterminabilité en tant que telle.

Hegel, *Phénoménologie de l'Esprit,* traduction J. Hyppolite, Aubier Montaigne 1947.

Les *Leçons sur l'Histoire de la Philosophie* de Hegel (qui font partie de la série des "Leçons" qu'il professe à Berlin de 1818 à 1831) interprètent les différents systèmes philosophiques "afin de les faire participer — de gré ou de force — à la construction de l'absolu". Hegel met à sa place la philosophie stoïcienne : "dans le monde romain, c'est une attitude tout à fait conséquente et répondant à l'état des choses". Il en montre la grandeur : "la grandeur de la philosophie stoïcienne consiste dans le fait que rien ne peut forcer l'accès du vouloir" ; mais aussi la limite : "la conscience stoïcienne en reste au concept, elle ne parvient pas à la connaissance du contenu ! Car le sage stoïcien est un "moment négatif" qui fait abstraction de l'existence. Mais le remplissement réel, le mode d'être que les stoïciens ont donné de très éloquentes peintures de l'idéal du sage (ce que le sage fait est juste) mais en même temps "la description que les Stoïciens donnent de l'idéal qu'ils ont constitué n'est que de la rhétorique, elle est générale, et donc sans intérêt". Pour le stoïcisme la pensée est une forme abstraite sans contenu. D'où l'analogie entre le stoïcisme et le formalisme de la morale kantienne (où le devoir lui-même est aussi une forme sans contenu) et l'identité de la critique portée par Hegel à l'encontre de ces deux systèmes.

En même temps le principe supérieur, bien que négativement formel, consiste en ceci que le penser seul comme tel est la fin et le bien, ce qui fait que c'est dans cette forme abstraite seule, sans autre contenu (comme le principe kantien du devoir) que se trouve ce sur quoi l'homme doit fonder et affirmer la solidité de sa conscience de soi — dans la forme du penser, c'est-à-dire en soi-même, dans son abstraction, ne faire cas de rien, ne poursuivre rien, en tant que cela a un contenu propre quelconque. La fermeté formelle de l'esprit qui s'abstrait de tout en rentrant en soi-même ne nous offre pas un développement de principes objectifs, mais un sujet qui se maintient dans cette immutabilité et cette indifférence — qui n'est pas stupide, mais voulue — infinité de la conscience de soi.

En tant que le principe moral des Stoïciens en reste à ce formalisme, tous leurs propos demeurent dans ce cadre. Et leurs pensées sont la constante reconduction de la conscience à son unité avec elle-même. Ce pouvoir de dédaigner l'existence est grand, la force de ce comportement négatif est sublime. Le principe stoïcien est un moment nécessaire dans l'idée de la conscience absolue ; il est aussi un phénomène temporel nécessaire. Quand en effet la réalité du monde s'est perdue, comme dans le monde romain, et que l'esprit réel, la vie a disparu au sein de l'universel abstrait, il faut que la conscience, dont l'universalité réelle est détruite, retourne à sa singularité et se conserve elle-même dans ses pensées.

Cela implique la détermination de la liberté abstraite, de l'indépendance abstraite. Mais si la conscience de ma liberté est ma fin, c'est que toutes les déterminations particulières ont disparu dans cette fin universelle ; ces déterminations particulières de la liberté constituent les devoirs, les lois, en tant que déterminations particulières, ils disparaissent dans cette universalité de la liberté, dans la pure conscience de mon indépendance. Nous voyons donc chez eux une force de vouloir, qui ne considère pas le particulier comme faisant partie de son essence et s'en retire, mais d'un autre côté ce principe demeure abstrait. Il est donc impliqué là non pas que la condition du monde est rationnelle, est selon le droit, mais que c'est au contraire seulement le sujet comme tel qui doit affirmer sa liberté en lui-même. Par suite tout ce qui est d'ordre extérieur, monde, conditions d'existence, etc... se trouve mis de ce fait dans la position de pouvoir être supprimé.

Hegel, *Leçons sur l'Histoire de la Philosophie*, Vrin tome IV, 1975.

Dans ses *Leçons sur la philosophie de l'histoire*, prononcées à Berlin au cours de l'hiver 1830-1831, Hegel passe en revue les différents moments de l'histoire universelle qui se succèdent comme autant d'étapes vers la réalisation de la liberté : le monde oriental, le monde grec, le monde romain et enfin le monde germain (avec le christianisme).
Avec le monde romain les individus, les particuliers deviennent des personnes dont la valeur absolue est reconnue par le droit privé. Mais, dit Hegel, si le Moi acquiert une légitimité illimitée, son contenu (le Mien) n'est qu'une chose purement extérieure. Aussi, au-delà de leurs différences, les philosophies de ce temps, épicurisme, stoïcisme, scepticisme ont toutes, abstraitement, le même objectif : rendre l'esprit en soi (le Moi) indifférent à l'égard de toutes les particularités que présente la réalité (le Mien).

En conséquence, ce qui était présent à la conscience des hommes, ce n'était pas la patrie, ou une unité morale de ce genre, mais ils avaient pour seule et unique ressource de s'abandonner à la fatalité et d'acquérir pour la vie une parfaite indifférence, en la recherchant, soit dans la liberté de la pensée, soit dans la jouissance sensuelle immédiate.

Ainsi l'homme avait rompu avec l'existence. Ou bien il était entièrement livré à la vie sensuelle, il trouvait sa destinée dans l'effort pour se procurer les moyens de jouir soit en gagnant la faveur impériale, soit en employant la violence, la captation d'héritages, l'astuce ; ou bien il cherchait le repos dans la philosophie qui était seule encore capable de fournir un point d'appui solide, existant en soi et pour soi ; car les systèmes de ce temps, le stoïcisme, l'épicurisme et le scepticisme, quoique opposés, aboutissaient cependant au même résultat, à savoir, rendre l'esprit en soi indifférent à l'égard de tout ce que représente la réalité. Ces philosophies étaient fort répandues parmi les gens cultivés : elles rendaient l'homme en soi inébranlable, par la pensée, l'activité qui produit l'universel. Mais cette réconciliation intérieure par la philosophie n'avait elle-même qu'un caractère abstrait dans le pur principe de la personnalité ; car la pensée qui, en tant que pure, se prenait elle-même pour objet et se réconciliait, était parfaitement sans objet, et l'inébranlable fermeté du scepticisme faisait de l'absence de fin, la fin même de la volonté.

Hegel, *Leçons sur la philosophie de l'histoire*, Vrin, traduction Gibelin 1963.

NIETZSCHE

A plusieurs reprises, dans sa réflexion très souvent centrée sur les questions de l'éthique, Frédéric Nietzsche (1844-1900) prend position sur la philosophie stoïcienne. On sait par sa correspondance que non seulement il va aux textes eux-mêmes mais qu'il prend connaissance de manière détaillée des commentaires spécialisés. Ainsi fin 1886/début 1887, il lit le commentaire du philosophe néo-platonicien Simplicius (VIème siècle ap. J.-C.) sur le *Manuel* d'Epictète : "On a sous les yeux tout le schéma philosophique à partir duquel s'est dessiné le christianisme... la falsification par la morale de tout le réel s'étale ici dans sa plus complète magnificence ; misérable psychologie ; la philosophie réduite au "curé de campagne" — Et c'est Platon le coupable de tout cela ! C'est lui le plus grand malheur de l'Europe !" (Lettre à Overbeck, 9 Janvier 1887).

Tantôt, comme on le voit dans les deux extraits suivants, il loue l'attitude d'Epictète (in *Aurore*) qu'il oppose au chrétien, tantôt il dénonce avec violence l'erreur du stoïcisme de vouloir vivre "en accord avec la nature" (in *Par-delà Bien et Mal*).

L'homme d'Epictète ne serait certes pas au goût de ceux qui aspirent aujourd'hui à l'idéal. La tension constante de son être, l'infatigable regard tourné vers l'intérieur, le côté fermé, prudent, incommunicable de sa vision lorsqu'elle se tourne exceptionnellement vers le monde extérieur ; et aussi le silence, ou le laconisme : autant de signes du courage le plus rigoureux — que serait-ce pour nos idéalistes qui sont avant tout avides d'*expansion* ! En outre il n'est pas fanatique, il déteste le cabotinage et la gloriole de nos idéalistes : son orgueil, si grand soit-il, ne veut cependant pas gêner les autres, il admet une certaine approche en douceur et ne voudrait gâter la bonne humeur de personne — oui, il sait sourire ! Il y a beaucoup d'humanité antique dans cet idéal ! Mais le plus beau c'est qu'il soit totalement dépourvu de la crainte de Dieu, qu'il croie strictement à la raison, qu'il ne prêche pas la pénitence. Epictète était un esclave : son homme idéal n'est d'aucune classe et il est possible dans toutes les classes sociales, mais on le cherchera surtout dans la masse inférieure profonde, sous la forme de l'homme silencieux, se suffisant à lui-même au sein d'une servitude générale, de l'homme qui se défend pour son propre compte contre l'extérieur et vit perpétuellement dans une attitude de courage extrême. Il se distingue surtout du *chrétien* en cela que le chrétien vit dans l'espoir, dans la promesse consolante d'"indicibles béatitudes", qu'il accepte les présents et attend et reçoit son bien suprême non de lui-même, mais de la grâce et de l'amour divins : alors qu'Epictète n'espère rien et ne se laisse pas offrir son bien suprême, — il le possède, il le tient vaillamment dans sa main, il le dispute au monde entier si celui-ci veut le lui ravir. Le christianisme était fait pour une autre espèce d'esclaves antiques, faibles de volonté et de raison, et donc pour la grande masse des esclaves.

Nietzsche, *Aurore*, in *Oeuvres complètes*, Gallimard 1980 pp. 277 sq.

Vous voulez *vivre* "en accord avec la nature" ? O nobles stoïciens, comme vous vous payez de mots ! Imaginez un être pareil à la nature, prodigue sans mesure, indifférent sans mesure, sans desseins ni égards, sans pitié ni justice, fécond, stérile et incertain tout à la fois, concevez l'indifférence elle-même en tant qu'elle est une puissance, comment *pourriez*-vous vivre en accord avec cette indifférence ? Vivre n'est-ce pas justement vouloir être autre chose que cette nature ? La vie ne consiste-t-elle pas à juger, préférer, être injuste, limité, à vouloir être différent ? Et à supposer que votre maxime "vivre en accord avec la nature" signifie au fond "vivre en accord avec la vie", comment pourrait-il en être autrement ?

A quoi bon ériger en principe ce que vous êtes et devez être ? La vérité est bien différente : alors que vous vous exaltez en affectant de lire votre loi dans le livre même de la nature, vous visez en fait le contraire, étranges comédiens qui vous trompez vous-mêmes ! Votre orgueil entend régenter jusqu'à la nature et lui inculquer votre morale et votre idéal ; vous exigez que la nature soit "conforme à la doctrine du Portique" et vous voudriez que toute existence ressemble à l'image que vous vous en faites, qu'elle glorifie à jamais, immensément, votre propre stoïcisme devenu par vos soins doctrine universelle ! En dépit de tout votre amour de la vérité, vous vous contraignez si longuement, si obstinément, si rigidement à voir la nature sous un aspect *erroné* — stoïcien — que vous n'êtes plus capables de la voir autrement. Et je ne sais quel insondable orgueil vous dispense en fin de compte l'espoir insensé que *parce que* vous vous entendez à vous tyranniser — le stoïcisme c'est l'autotyrannie — la nature se laissera tyranniser à son tour. Pourtant le stoïcien ne fait-il pas *partie* de la nature ?... Mais c'est là une antique, une éternelle histoire : ce qui advint jadis aux stoïciens advient aujourd'hui encore, sitôt qu'une philosophie commence à croire en elle-même. Elle crée toujours le monde à son image, elle ne peut pas faire autrement ; la philosophie est cet instinct tyrannique lui-même, la volonté de puissance sous sa forme la plus spirituelle, l'ambition de "créer le monde", d'instituer la cause première.

Nietzsche, *Par-delà Bien et Mal*, in *Oeuvres complètes*, Gallimard 1979 pp. 27 sq.

MAINE DE BIRAN

On connaît la thèse de Pascal dans l'*Entretien avec M. de Saci sur Epictète et Montaigne* : Epictète exalte la grandeur de l'homme (sans Dieu) mais ignore sa faiblesse (le péché originel) ; Montaigne par son scepticisme abaisse l'homme mais ignore sa grandeur (lorsqu'il est avec Dieu).
Maine de Biran (1766-1824), qui à côté de sa carrière politique officielle (il deviendra sous-préfet à Bergerac) s'adonne à la philosophie ("O philosophie, c'est à toi que je remets la conduite de ma vie") opère vers 1795 une lecture de ce texte fameux (dont on trouve le commentaire dans le *Premier Journal* (1793-1798) en même temps qu'à la suite de la lecture de Cicéron il médite sur la figure du sage.
Rejetant l'explication par le péché originel, il marque, par sympathie pour la philosophie, sa préférence pour le stoïcisme : un janséniste ne peut rabaisser un stoïcien !

Epictète élève l'homme, Montaigne le rabaisse. le premier dit : il y a un Dieu, donc c'est lui qui a créé l'homme ; il l'a fait pour lui-même et il l'a créé tel qu'il doit être pour devenir juste et heureux ; donc l'homme peut connaître la vérité, et il est à portée de s'élever par la sagesse jusqu'à Dieu qui est son souverain bien. Le second dit : l'homme ne peut s'élever jusqu'à Dieu ; ses inclinations contredisent la loi ; il est porté à chercher son bonheur dans les biens visibles et même en ce qu'il y a de plus honteux ; tout paraît incertain ; le vrai bien l'est comme tout le reste ; nous ne pouvons donc avoir ni règle fixe pour les mœurs, ni certitude pour les sciences.

Il serait plus consolant de s'égarer avec Epictète que d'avoir raison avec Montaigne ; cependant celui-ci doit avoir plus de spectateurs parce qu'il semble autoriser la paresse, vice ordinaire des hommes, au lieu que l'autre engage l'homme dans une lutte perpétuelle contre les passions, qui effraye les âmes faibles.

Pascal oppose l'un à l'autre les deux systèmes, et démontre à sa manière leur insuffisance. Selon lui, il est faux que l'homme soit grand, à la manière dont Epictète l'entend : l'homme ne peut rien par lui-même ; il est faible et misérable, abandonné à ses propres forces. Il est également faux que la bassesse de l'homme soit, comme le veut Montaigne, absolue et invincible ; la grandeur et la faiblesse ne peuvent résider dans un même sujet. Ces deux systèmes sont donc inconciliables ; mais il est vrai que l'homme est bas par sa nature dégénérée et qu'il est grand, qu'il peut tout avec le secours de Dieu. La révélation concilie donc ce que les efforts des hommes ne peuvent unir et le péché originel lève les difficultés.

1° Montaigne semble faire le désespoir de ceux qui cherchent la vérité sans recourir aux lumières de la révélation. Cependant ses arguments ne sont pas invincibles. Le juste et l'injuste ne sont pas de convention, et quand même nous ne connaîtrions rien, quand nous ne pourrions assurer l'existence d'aucune chose, il serait très vrai que nous avons des sensations, que nous sommes susceptibles de plaisir ou de douleur, et que la vertu ou la conformité de nos actions aux rapports qui existent entre nous et nos semblables (soit réels, soit apparents) peut seule nous procurer quelque plaisir durable. Voilà, ce me semble, la seule vérité qu'il nous importe de bien connaître ; elle est indépendante de toute subtilité. Je passerai, si l'on veut, condamnation sur tout le reste et j'avouerai qu'ôtée la croyance en Dieu, la vérité n'existe pas, car il est bien certain que pour peu qu'on pousse loin le raisonnement sur une matière quelconque, on arrive bientôt à quelque principe qu'on ne connaît pas. Il faut donc le supposer ou convenir que le reste est illusoire. Il y a dans toutes nos connaissances *un dessous de carte,* que nous cherchons en vain à pénétrer, si bien que l'esprit reste flottant et indéterminé, s'il ne s'appose pas sur une première cause dans laquelle vont se résoudre toutes ces obscurités. Montaigne a donc raison à beaucoup d'égards, mais je lui contesterai toujours ce dont dépend notre bonheur, ne fût-ce qu'en songe.

2° Epictète et ceux de sa secte offrent eux-mêmes la réponse à l'opinion de Pascal et aux doutes de Montaigne. L'ignorance et la misère de l'homme sont invincibles, par elles-mêmes, selon l'un, sans le secours de Dieu, selon l'autre ; cependant voilà des hommes qui, livrés au seul secours de la raison, semblent s'élever au-dessus de l'humanité. Ils méprisent la douleur et la mort ; ils foulent aux pieds les passions et ce qu'il y a de plus grand encore, ils placent tout leur bonheur dans le bien qu'ils font aux hommes, aussi doux, aussi bienfaisants pour leurs semblables qu'ils sont durs à eux-mêmes. Ils sont conduits par l'orgueil, selon Pascal. Oui c'est un assez bel orgueil que celui de la conscience de sa dignité, que celui qui ne craint plus rien que de se dégrader non pas aux yeux des hommes, mais à ses propres yeux ! Qu'on me dise ce que peut faire de plus un homme avec le secours même de la grâce ? Qu'un Janséniste rabaisse un Stoïcien ! Jetez les yeux sur la nature, y trouverez-vous d'objet plus beau, plus digne de vénération qu'un Antonin, qu'un Marc-Aurèle ? La raison, la philosophie peuvent donc quelque chose.

Sait-on jusqu'où peut aller la force humaine conduite par une volonté ferme et constante ? L'homme est bas, misérable, lorsqu'il ne cède qu'à l'impulsion des sens ; il s'élève en se mettant sous l'empire de la raison ; alors loin d'être un objet digne de pitié, il mérite la vénération de ses semblables. La grandeur et la misère humaine, la contradiction des passions et de la raison peuvent s'expliquer autrement que par le péché originel.

Maine de Biran, *Premier Journal*, in Maine de Biran, *Œuvres complètes* tome I (1920-1949), reproduit in Slatkine Genève Paris 1982, pp.136 sq.

Les pages du *Premier Journal* (1793-1798) de Maine de Biran (1766-1824) témoignent de la sympathie et de l'intérêt qu'il porte, dès le début de la constitution de son système, au Stoïcisme, intérêt qui ne démentira jamais au cours de ses différentes "conversions".

Mais, lorsque son système philosophique est totalement constitué avec sa théorie de la coexistence "des trois vies" (*Nouveaux Essais d'Anthropologie* 1823-1824), le stoïcisme est alors critiqué comme relevant seulement de la deuxième vie. En effet, pour Maine de Biran — dont la démarche est alors chrétienne — il y a une première vie qui est celle de l'animalité ("là où l'animal se réjouit et se sent plein de courage et d'activité, d'orgueil de la vie, l'esprit s'afflige, s'humilie et se sent abattu") ; une seconde vie qui est celle du moi ("il est nécessaire que le moi se fasse centre pour connaître les choses et lui-même qui se distingue de tout le reste") ; enfin une troisième vie, état supérieur de l'âme ("le moment où l'âme se place sous l'influence de cet esprit qui seul connaît Dieu et fait en lui sa demeure fixe").

La pensée stoïcienne ne s'accorde pas avec une telle démarche : "La philosophie stoïque (...) tout élevée qu'elle est, ne sort pas des limites de la deuxième vie, et montre seulement avec exagération le pouvoir de la volonté ou encore de la raison (...) sur les affections et les passions de la vie sensitive".

Les rapports qui existent entre les éléments et les produits des trois vies de l'homme sont le sujet de méditation le plus beau, mais aussi le plus difficile. Le stoïcisme nous montre tout ce qu'il peut y avoir de plus élevé dans la vie active, mais il fait abstraction de la nature animale et méconnaît absolument tout ce qui tient à la vie de l'esprit. Sa morale pratique est au-dessus des forces de l'humanité. Le christianisme seul embrasse tout l'homme. Il ne dissimule aucun des côtés de sa nature et tire parti de ses misères et de sa faiblesse pour le conduire à sa fin, en lui montrant tout le besoin qu'il a d'un secours plus élevé. (...)

Le grand mal des passions, c'est qu'elles abordent entièrement tous les éléments, toutes les forces de la troisième vie, quoiqu'elles se concilient, jusqu'à un certain point, avec la deuxième. Elles ferment toute entrée à l'esprit de vérité (qui est tout autre que l'esprit de l'homme) ; elles prolongent l'enfance de l'âme, la nourrissent de chimères ou de vaines images, comme dans l'enfance naturelle ; elles s'opposent enfin à tout développement, même momentané, de ces facultés supérieures dont les éclairs mêmes nous annoncent et nous garantissent une autre existence, appropriée au plein exercice de ces facultés.

"Je peux, dit Marc-Aurèle, affranchir ma vie de toute souffrance quand je serais accablé d'outrages, déchiré de toutes parts, quand les bêtes féroces viendraient mettre en pièce cette masse de boue qui m'environne. Car dans tous ces cas qu'est-ce qui empêche mon entendement de se retirer en lui, de se maintenir dans un état paisible ?"

Le stoïcien applique ici à la seconde vie de l'homme ce qui n'est vrai que de cette troisième vie qui est au-dessus de l'humanité et que le christianisme seul connaît si bien. Et il est vrai de dire que l'âme peut s'affranchir ou être affranchie de toutes les souffrances qui tiennent au corps ou à l'imagination, non par l'exercice des facultés actives de l'entendement ou de la raison (car il est impossible de faire que ces facultés ne participent pas plus ou moins au trouble et aux souffrances de l'organisation) ; mais en s'élevant par une grâce de sentiment à un état tel que ses facultés propres n'agissent plus. Sa force est remplacée par une autre force qui n'a plus de relation ni de lien nécessaire avec le corps, qui devient étrangère aux souffrances, en même temps qu'elle est supérieure à l'âme qui s'identifie avec elle et s'y absorbe dans certains états.

Alors l'âme ne juge pas que l'accident n'est rien, elle ne lui dit pas : "tu n'es que cela" ; mais simplement elle ne l'aperçoit pas , il ne s'élève pas jusqu'à sa région ; car si elle l'apercevait et le jugeait, elle y participerait nécessairement en vertu de son union au corps avec qui elle ne fait qu'un tout. Il y a certainement une contradiction dans le point de vue de Marc-Aurèle. On voit qu'il a l'idée d'un état supérieur de l'âme ; mais il ne le place pas où il est ; et l'âme ne peut exercer à la fois les facultés de l'esprit qui sont toutes entières dans la deuxième vie extérieure, et celles de la troisième vie qui seule est affranchie des sensations et de toute influence matérielle. Ces deux vies sont aussi distinctes, aussi éloignées l'une de l'autre que la vie active de l'homme est loin de l'animalité.

Maine de Biran, *Nouveaux Essais d'Anthropologie*,
in Maine de Biran, *Œuvres choisies*, Aubier Montaigne 1942, pp. 288 sq.

GILLES DELEUZE

Gilles Deleuze dans *Logique du Sens,* à plusieurs reprises (2ème, 18ème, 19ème, 20ème série) insiste sur une sorte de ressemblance qui, selon l'expression de l'introduction, permet "d'aller de Lewis Carroll aux stoïciens", dans la prédilection analogue qu'ils ont pour les événements et les effets de surface. Se référant explicitement au départ à l'ouvrage d'Emile Bréhier : *La Théorie des Incorporels dans l'Ancien Soïcisme* (Paris, Vrin 1928). Gilles Deleuze note que l'opération inaugurée par les stoïciens (la destitution de la profondeur, l'étalement des événements à la surface, les recours au paradoxe et à l'humour). Lewis Carroll, dans ses différents écrits (*Alice, De l'autre côté du miroir, Sylvie et Bruno*) l'effectue pour son compte.

Et le "génie d'une philosophie" se mesurant d'abord "aux nouvelles distributions qu'elle impose aux êtres et aux concepts", Gilles Deleuze marque "la grande découverte stoïcienne" :

> On présente parfois le stoïcisme comme opérant par delà Platon une sorte de retour au présocratisme, au monde héraclitéen par exemple. Il s'agit plutôt d'une réévaluation totale du monde présocratique : en interprétant celui-ci par une physique des mélanges en profondeur, les Cyniques et les Stoïciens le livrent pour une part à tous les désordres locaux qui se concilient seulement avec le Grand mélange, c'est-à-dire avec l'unité des causes entre elles. C'est un monde de la terreur et de la cruauté, de l'inceste et de l'anthropophagie. Et sans doute y a-t-il une autre part : ce qui, du monde héraclitéen, peut monter à la surface et va recevoir un tout nouveau statut — l'événement dans sa différence de nature avec les causes-corps, l'Aiôn dans sa différence de nature avec le Chronos dévorant.
>
> Parallèlement, le platonisme subit une ré-orientation totale analogue : lui qui prétendait enfoncer encore plus le monde présocratique, le refouler encore mieux, l'écraser sous tout le poids des hauteurs, se voit destitué de sa propre hauteur, et l'Idée retombe à la surface comme simple effet incorporel.
>
> C'est la grande découverte stoïcienne, à la fois contre les Pré-socratiques et contre Platon : l'autonomie de la surface, indépendamment de la hauteur et de la profondeur, contre la hauteur et la profondeur ; la découverte des événements incorporels, sens ou effets, qui sont irréductibles aux corps profonds comme aux Idées hautes. Tout ce qui arrive, et tout ce qui se dit arrive et se dit à la surface. Celle-ci n'est pas moins à explorer, pas moins inconnue, plus encore peut-être que la profondeur et la hauteur qui sont non-sens. Car la frontière principale est déplacée. Elle ne passe plus en profondeur entre la substance et les accidents. Peut-être est-ce à Antisthène qu'il faut faire gloire du nouveau tracé : entre les choses et les propositions mêmes. Entre la chose telle qu'elle est, désignée par la proposition, et l'exprimé, qui n'existe pas hors

de la proposition (la substance n'est plus qu'une détermination secondaire de la chose, et l'universel, une détermination secondaire de l'exprimé).

La surface, le rideau, le tapis, le manteau, voilà où le Cynique et le Stoïcien s'installent et ce dont ils s'entourent. Le double sens de la surface, la continuité de l'envers et de l'endroit, remplacent la hauteur et la profondeur. Rien derrière le rideau, sauf des mélanges innombrables. Rien au-dessus du tapis, sauf le ciel vide. Le sens apparaît et se joue à la surface, du moins si l'on sait battre convenablement celle-ci, de manière qu'il forme des lettres de poussière, ou comme une vapeur sur la vitre où le doigt peut écrire. La philosophie à coups de bâton chez les Cyniques et les Stoïciens remplace la philosophie à coups de marteau. Le philosophe n'est plus l'être des cavernes, ni l'âme ou l'oiseau de Platon, mais l'animal plat des surfaces, la tique, le pou. Le symbole philosophique n'est plus l'aile de Platon, ni la sandale de plomb d'Empédocle, mais le manteau double d'Antisthène et de Diogène. Le bâton et le manteau, comme Hercule avec sa massue et sa peau de lion.

Gilles Deleuze, *Logique du Sens*, Paris, Editions de Minuit 1969, pp.157 sq.

❑ 7. Stoïciens d'aujourd'hui

ANDRÉ BRIDOUX

On doit à André Bridoux, Inspecteur Général de l'Instruction Publique, l'édition d'un *Descartes* (Oeuvres et Lettres) dans la Bibliothèque de la Pléiade (Gallimard, 1937).

Mais il est aussi l'auteur d'un livre d'initiation *Le Stoïcisme et son influence,* où, après avoir décrit le "contenu" de la doctrine il montre "l'influence" du stoïcisme dans la philosophie occidentale.

Lorsqu'il en arrive à la philosophie contemporaine, il donne toute sa place à Alain (1868-1951) dont il a été un élève admiratif, comme beaucoup de ceux qui ont eu l'occasion de suivre les leçons (pp. 229 sq.). On sait que celui-ci a consacré beaucoup de sa réflexion au stoïcisme auquel il emprunte souvent l'idée que "penser bien dépend de volonté, et nullement des hasards" (*Les Idées et les Ages*, 1927) ou encore que "celui qui ne commence pas par ne pas comprendre ne sait pas ce que c'est que penser".

Alain alors qu'il commence à philosopher pour de bon, c'est-à-dire les trois années où il est élève à l'Ecole Normale Supérieure, découvre les Stoïciens. Il raconte cela dans *Histoire de mes pensées* (Paris, Gallimard, 1936) : "La suite naturelle d'Aristote se trouve dans les Stoïciens. Cette philosophie, toute en fragments, et souvent énigmatique, me donna l'occasion du seul travail d'érudition que j'aie fait dans ma vie. En ce temps-là les recueils des textes stoïciens n'étaient pas encore d'usage. Je me donnai de chercher les Stoïciens dans un bon nombre d'ouvrages ennuyeux. C'est alors que j'appris que Diogène Laërce n'est ni ennuyeux, ni mal composé. Sextus Empiricus fut moins aisé à dépouiller. Il y avait pire".

> Les rencontres de la vie ont fait que j'ai pu connaître un des derniers philosophes stoïciens. Je veux dire Alain, dont j'ai été l'élève et qui disait lui-même que les Stoïciens avaient été ses maîtres. Quand je rassemble, comme maintenant, les souvenirs qui le concernent, il me semble que je retrouve aussi le Stoïcisme.
>
> Alain croyait à l'esprit, qu'il écrivait volontiers avec un E. Dans cet esprit, il n'était certes pas interdit de voir une résurrection du logos.
>
> Il croyait que l'esprit, comme le logos, n'existe que par son activité et à condition de ne jamais s'endormir ; qu'il doit toujours être porté et soutenu par la volonté.
>
> Alain croyait au monde, au monde dont l'existence s'impose, au monde qui est gouverné par la nécessité, et qui est, de ce fait, salutaire pour l'homme. "Heureux qui trouve devant lui le monde résistant et dur, le monde sans égards".
>
> Il croyait, comme les Stoïciens et comme Spinoza, que l'esprit et le monde sont une seule et même chose, qu'en conséquence chacun de nous

est solidaire du monde et de l'esprit, et que la moindre de nos pensées est liée à l'univers des choses comme à l'univers des hommes.

Il se méfiait de l'imagination où il voyait la source de nos erreurs et de nos passions, tout comme les Stoïciens. Comme eux, il aurait dit volontiers qu'elle n'est qu'un "mouvement à vide". Il le dit même fort exactement (*Système des Beaux-Arts*, 1er chap.).

[...]

Bien mieux qu'au temps où j'étais élève, je me rends compte aujourd'hui que le Stoïcisme d'Alain s'exprimait dans son enseignement et dans son comportement de professeur. L'atmosphère de sa classe était différente de celle des autres classes. Nous n'étions ni terrorisés, ni méprisés ; nous nous sentions même appelés à l'existence par la façon que notre maître avait de nous parler. Je n'ai pas souvenir qu'il ait jamais blessé ni découragé personne. De tous, il pensait, comme je l'ai dit plus haut, courage et confiance. "Vous le pouvez certainement" ; ce mot revenait toujours. Il y avait aussi cet autre mot : "Je veux bien vous aider ; mais pas trop". Le salut étant dans l'entre-deux. Nous étions appelés à l'existence, mais il nous appartenait de nous la donner ; l'avenir nous était ouvert, mais il nous appartenait de le faire. Chacun comprenait très vite, extrêmement vite, que tout dépendait de lui, et qu'il n'en pouvait être autrement. — Qu'on le veuille ou non, l'école est stoïcienne. L'élève ne peut s'instruire que par lui-même. La fonction de penser ne se délègue point. Nul ne saurait comprendre ni trouver pour autrui. L'effort intellectuel passe et passera toujours par le goulot de la solitude la plus radicale. Alain pensait tout cela fortement. Il pensait en outre qu'un élève ne peut être éclairé sur ses aptitudes qu'en travaillant, et qu'il faut se mettre à l'œuvre pour découvrir ce qu'on aime, ce qu'on sait, ce qu'on veut, en définitive, ce qu'on est. Il nous appréciait surtout en raison de notre courage et de notre persévérance. Il disait, et c'est un mot tout stoïcien, que pour juger un garçon, mieux vaut le regarder au menton qu'au front.

André Bridoux, *Le Stoïcisme et son influence*, Paris Vrin 1966.

PIERRE-MAXIME SCHUHL

L'œuvre du philosophe français Emile Bréhier (1876-1952) est indissociable de la monumentale *Histoire de la Philosophie* en sept volumes parue de 1926 à 1932, souvent rééditée et qui constitue en ce domaine un ouvrage de référence (remis à jour par les Presses Universitaires de France en 1961 puis publié dans la Collection "Quadrige").

Mais il a également très tôt consacré une grande partie de ses recherches plus particulièrement au stoïcisme, avec une étude sur *Chrysippe* (1910) rééditée sous le titre *Chrysippe et l'Ancien Stoïcisme* (2ème édition 1951 ;

3ème édition 1962) et sur la physique des stoïciens : *La Théorie des Incorporels dans l'Ancien Stoïcisme* (Paris, Vrin 1925 ; 8ème édition 1989) qui constitue sa thèse complémentaire.

Plusieurs de ses travaux consacrés à l'école stoïcienne (articles de revues, interventions dans des congrès) sont regroupés dans ses *Etudes de Philosophie antique* (Paris, Puf 1955). Et surtout on doit à Emile Bréhier la préparation du volume de la "Bibliothèque de la Pléiade" mais paru après sa mort, en 1952, sous la direction de Pierre-Maxime Schuhl.

Dès le début de la Préface, il est rendu hommage à l'incessant labeur d'Emile Bréhier.

> Mais il ne suffit pas de dire qu'Emile Bréhier s'intéressait au Stoïcisme ; on peut dire qu'il était un Stoïcien, ou qu'il avait une âme stoïcienne ; et c'est de façon véritablement stoïque qu'il supporta l'amputation du bras gauche qu'il dut subir à la suite d'une blessure de guerre, amputation dont il souffrit toujours sans jamais se plaindre. D'autre part, il fit à maintes reprises, dans les facultés de province où il enseigna d'abord, et ensuite à la Sorbonne, de très beaux cours sur les Stoïciens, cours qu'il a toujours remaniés et développés, dont quelques parties seulement sont rédigées, mais dont les notes ont été conservées et nous ont été communiquées par sa fille, Mme Bayer ; l'essentiel de cet enseignement a d'ailleurs été mis au point par Bréhier lui-même, et reste accessible aux lecteurs, notamment dans plusieurs chapitres de son *Histoire Générale de la Philosophie*.
>
> Pierre-Maxime Schuhl, in *Les Stoïciens*, Gallimard, La Pléiade.

Glossaire

ACTIONS DROITES (*katorthoma*)
C'est le degré supérieur des conduites convenables. Synonyme de conduites convenables parfaites.

ASSENTIMENT (*sunkratathesis*)
C'est le moment intermédiaire qui permet de passer de la *représentation à la compréhension*.
Si nous donnons notre assentiment à une représentation fausse, nous sommes dans l'**erreur** ; si nous donnons notre assentiment à une représentation non compréhensive (qui ne porte pas en elle la marque du certain) nous sommes dans l'**opinion** ; si nous donnons notre assentiment à une représentation compréhensive alors, seulement, nous sommes dans la **compréhension**.

ATARAXIE (*ataraxia*)
Absence de trouble, à laquelle seule une vie conforme à la nature (autrement dit à la raison) permet d'accéder.

AVERSION (*éklesis*)
C'est une répulsion, précédée chez l'homme (en tant qu'être raisonnable) de jugement (à la suite de la représentation qu'on en a). Il est donc possible de lui donner (ou non) notre *assentiment*.

BUT (*scopos*)
Désigne la fin visée par la vie morale.

CE QUI DÉPEND DE NOUS
(*ta eph emin*)
"S'instruire ? C'est apprendre à diviser les choses en choses qui dépendant de nous et choses qui n'en dépendant pas. Dépendant de nous la volonté et les actes volontaires." Epictète, *Entretiens*, Livre I, Chap. 22 : 10. C'est là où il faut placer le bien.
"Les dieux n'ont fait dépendre de nous que ce qui est supérieur à tout, ce qui domine tout, c'est-à-dire l'usage correct des représentations". Epictète, *Entretiens*, Livre I, Chap. 1 ; 7.

CE QUI NE DÉPEND PAS DE NOUS (*ta ouk eph emin*)
"S'instruire ? C'est apprendre à diviser les choses en choses qui dépendent de nous et choses qui n'en dépendent pas. (...) N'en dépendent pas le corps et ses parties, les biens, les parents, les frères, les enfants, la patrie, et en général tous les membres de notre communauté". Epictète, *Entretiens*, Livre I, Chap. 22 ; 10. Les choses qui ne dépendent pas de nous ne sont pas des biens.

CHOSES INDIFFÉRENTES
(*adiaphora*)
Parmi les choses qui existent il y a des *biens* liés à l'utile (réflexion, justice, courage, sagesse) et des *maux* liés au nuisible (irréflexion, injustice, lâcheté, folie).
Et puis il y a des choses *indifférentes*, qui ne sont ni des biens ni des maux : la vie, la mort ; la santé, la maladie ; la beauté, la laideur ; etc...
Elles ne servent ni ne nuisent par elles-mêmes, mais l'homme peut se servir d'elles pour nuire ou pour être utile. Elles peuvent donc apporter le malheur (ou le bonheur) selon l'usage qu'on en fait.

COMPRÉHENSION (*katalephis*)
Le passage de la *représentation* à l'*assentiment* puis à la *compréhension* est imagée par la série de gestes de Zénon : la main les doigts étendus c'est la représentation ; les doigts un peu repliés c'est l'assentiment ; la main fermée comme un poing c'est la compréhension.

CONDUITES CONVENABLES (*katekonta*)
Ce sont les actes que la raison commande et qui sont en conformité avec la vie. Le convenable c'est pour chaque être, son rôle, son office, sa fonction. Le premier convenable est d'obéir à ses tendances.
Il y a, au-dessus, les conduites convenables parfaites (ou "actions droites").

CORPS (*soma*)
Pour les stoïciens tout est corps, Dieu, l'âme, etc... Seuls l'exprimable (*lecton*), le temps, le vide et le lien sont des "incorporels".

DÉSIR (*oréxis*)
C'est une impulsion, précédée chez l'homme (en tant qu'être raisonnable) de jugement. Il est donc possible de lui donner (ou non) notre assentiment.

DEVOIR (*katekou*)
Le devoir consiste à agir raisonnablement dans les diverses circonstances de la vie. Le devoir nous dit ce qui est préférable (pour ce qui concerne les circonstances de la vie, qui ne dépendent pas de nous) tandis que la sagesse (objet de la philosophie) nous dit ce qui est bien.

DIEU
On conclut de l'ordre du monde à l'existence d'une Providence ordonnatrice. "Comment est-il possible (...) qu'une organisation si grande et si belle soit régie avec un ordre si parfait au hasard et par accident ? Il y a donc un être qui la gouverne". Épictète, *Entretiens*, Livre II, Chap. 14 ; 26.

EXERCICES PHILOSOPHIQUES
Dans la tradition de la philosophie stoïcienne qui vise, par la pratique, à la conversion, les exercices sont gradués.
1. apprendre à appliquer les prénotions aux cas particuliers (pour éliminer les passions dans la représentation)
2. apprendre à bien user de sa volonté (pour mener à bien des actions droites)
3. apprendre les règles de l'assentiment (en utilisant correctement la logique).

HÉGÉMONIQUE (*hegemonikon*)
Désigne la raison. C'est la partie maîtresse de l'âme, responsable des tendances, des sensations, des représentations et des assentiments.
Elle est localisée dans le cœur, ou dans la tête et irradie vers les cinq sens (vue, odorat, ouïe, goût et toucher) la voix et les organes sexuels.

IMPASSIBILITÉ (*apatheïa*)
Ce terme traduit le mot grec "apathie". Son sens est assez proche d'ataraxie, calme de l'âme. L'impassibilité du sage signifie "qu'il ne se laisse pas entraîner". Sa constance bloque l'impulsion excessive.

JUGEMENT (*dogma*)
C'est ce qui fait la rectitude (ou la déviation) de la vie morale.

MORT
C'est la condition du renouvellement des êtres. Elle est, par là, rattachée à l'ordre général du monde en devenir. Elle n'est pas privation mais signe de surabondance.

PASSION (*pathos*)
La passion n'est pas, dans la vision stoïcienne, une passivité mais, au contraire, un mouvement exagéré — déraisonnable — de l'âme.
Traditionnellement les passions principales sont au nombre de quatre : chagrin, peur, plaisir, désir. La passion se forme à partir d'une opinion qui considère ce qui arrive soit comme un mal (chagrin — peur), soit comme un bien (plaisir — désir). Ce qui se rapporte au présent

(plaisir — chagrin) se distingue de ce qui se rapporte au futur (désir — peur).
Le sage oppose la joie au plaisir, la volonté au désir, la circonspection à la peur. Quant au sage, il ne subit en aucun cas de mal présent (et ne saurait donc éprouver de chagrin).

PHILOSOPHIE
La tradition stoïcienne divise la philosophie en trois parties : logique, physique, morale. D'un philosophe stoïcien à l'autre, ce qui vient en tête varie, tantôt la logique (Zénon), tantôt la physique (Panétius), tantôt la morale (Diogène). Mais tout est lié. Comme le rapporte Diogène Laërce : "Ils comparent la philosophie à un animal : les os et les nerfs ce sont la logique, la chair c'est la morale, l'âme est la physique. Ou bien ils la comparent à un œuf : la coquille c'est la logique, le blanc c'est la morale et ce qui se trouve tout à fait au centre c'est la physique. Ils la comparent encore à un champ fertile : la clôture qui se trouve tout autour c'est la logique, le fruit c'est la morale, la terre ou les arbres sont la physique.

PRÉNOTION
Cf. Epictète, *Entretiens*, Livre I, Chap. 22, 1.
"Les prénotions sont communes à tous les hommes. Aucune prénotion n'est en contradiction avec une autre", car tout le monde admet que "le bien est chose utile, souhaitable, à rechercher et à poursuivre en toute circonstance".
Mais il y a divergence, conflit des hommes entre eux au moment où on applique les prénotions (générales) aux réalités particulières : le bien se rapporte-t-il à ceci ou à cela ?

PROGRÈS MORAL
Notion introduite par le stoïcisme de l'époque impériale.
Le progrès moral implique une ascèse, il prépare le changement qualitatif qui "d'un coup" fait de l'insensé un sage.

PROHAIRESIS
Choix réfléchi, volonté libre, faculté de juger et de vouloir (et qui juge toutes les autres facultés).
"Sois reconnaissant à Dieu pour ta vue, pour ton ouïe et, par Zeus ! pour ta vie elle-même et tout ce qui y contribue, les fruits, le vin, l'huile ; mais souviens-toi qu'il t'a fait un don supérieur à tous les autres, la faculté d'user d'eux, de les juger, de déterminer la valeur de chacun d'entre eux". Epictète, *Entretiens*, Livre II, Chap. 23 ; 5.

PROTREPTIQUE
C'est le style qui vise à persuader. Cf. Epictète, *Entretiens*, Livre III, Chap. 23 ; 34 : "C'est le pouvoir de faire voir, à un seul ou à plusieurs, le conflit dans lequel ils s'abîment et de leur montrer qu'ils songent à tout autre chose qu'ils ne veulent. Car ce qu'ils veulent, c'est ce qui contribue à leur bonheur ; mais ils le cherchent ailleurs qu'il ne faut ".
Il se distingue du style épidictique (louer ou blâmer), réfutatif (réfuter), didactique (enseigner).

RAISON
La raison est "la seule des facultés qui se connait elle-même et avec elle tout le reste".
Elle est puissance de vouloir et de rechercher (ou de ne pas vouloir et d'éviter), elle est pouvoir d'user (correctement) des représentations. Cf. Epictète, *Entretiens*, Livre I, Chap. 1 ; 7.

REPRÉSENTATION (*phantasia*)
Epictète, *Entretiens*, Livre III, chap. 8 ; 1, indique que nous devons "chaque jour nous exercer sur les représentations" et ainsi distinguer : 1) ce qui dépend de nous. 2) ce qui ne dépend pas de nous.
Ce qui ne dépend pas de la volonté ne saurait être un mal (ex. le fils d'un tel est mort, le père d'un tel l'a exclu de l'héritage, César l'a condamné).
Ce qui dépend de la volonté peut-être un bien (supporter généreusement la mort de son fils) ou être un mal (avoir du chagrin de la mort de son fils).
C'est le premier moment de la chaîne: représentation, assentiment, compréhension.

REPRÉSENTATION COMPRÉHENSIVE (*kataleptiké*)
Les représentations sont : soit fausses, soit vraies. Pour les représentations vraies, celles qui sont compréhensives

correspondent à une sorte d'identité active du sujet et de l'objet.

SAGE
Cicéron dans *Les Paradoxes des stoïciens* exprime, sous forme de propositions "étonnantes", les thèses de l'éthique stoïcienne :
1. le beau moral est le seul bien
2. la vertu suffit au bonheur
3. toutes les fautes sont égales, comme les bonnes actions
4. le sage seul est citoyen, tous les autres sont en exil
5. le sage seul est libre, tous les autres sont esclaves
6. le sage seul est riche.

TENDANCE (*hormê*)
Elle est instinct de conservation chez les animaux, inclination (*aphormê*) à la vie raisonnable chez l'homme.
L'*hormê* est élan vers quelque chose, tendance, impulsion.

VALEUR
Ce terme a plusieurs sens
1. désigne ce qui est conforme à la nature
2. détermine les échanges
3. permet le choix : "Quand les circonstances le permettent ; nous choisissons certaines choses plutôt que d'autres, la santé plutôt que la maladie, la vie plutôt que la mort, la richesse que la pauvreté" (Antipater).

VERTU (*aretê*)
Désigne l'excellence en quelque gen-re que ce soit, c'est la perfection ultime.
La vertu se manifeste comme "uniformité et constance de la vie en accord avec elle-même à travers toutes choses" (Sénèque).
Traditionnellement les vertus cardinales (c'est-à-dire principales) sont au nombre de quatre : la tempérance (qui s'oppose au désir) le courage (qui s'oppose à la colère) la justice et la prudence.

Orientation bibliographique

1. L'ouvrage d'initiation pour une première connaissance du stoïcisme est fourni par :

Jean Brun, *Le Stoïcisme*, Paris, P.U.F (Collection *Que Sais-Je ?* 1958).

En 128 pages, l'auteur trace l'histoire de l'école stoïcienne, expose la philosophie (philosophie, logique, physique, morale) et parle de "la sagesse stoïcienne et sa destinée" avec une "bibliographie sommaire" d'une trentaine de titres.

2. Pour aller aux textes :

Jean Brun *Les Stoïciens*, Paris, P.U.F 1957.

Fournit sur 170 pages des textes choisis sur la logique (théorie de la connaissance, dialectique), la physique (le monde, Dieu), la morale — et, *in extenso*, sous le titre de "*Pensées*", le texte du *Manuel* d'Epictète. Complété par une terminologie (terme grec, traduction latine, explication en français).

3. Une vision d'ensemble (avec toute sa place aux textes ici rassemblés de Diogène Laërce, Plutarque, Cicéron, Sénèque, Epictète, Marc-Aurèle)

Les Stoïciens, Paris, Gallimard, (Bibliothèque de la Pléiade) 1962.

Cet ouvrage de plus de 1400 pages, édité par Pierre-Maxime Schuhl est largement tributaire du travail d'Emile Bréhier.
La préface fournit une histoire détaillée du stoïcisme. Pour chaque auteur une notice indique sa vie et ses œuvres. Près de 250 pages de notes. Huit pages de bibliographie détaillée.

4. La morale stoïcienne est exposée par :

Geneviève Rodis-Lewis, *La Morale Stoïcienne*, Paris, P.U.F 1970 (Coll. Sup.).

Les thèmes du fondement de la sagesse, de la diversité des actions convenables, de la vigueur de l'âme et ses vertus, de la pathologie de l'âme et de l'impassibilité du sage, de la liberté et de l'ordre du monde, de l'humanisme stoïcien forment autant de chapitres de ce livre de 130 pages, avec à chaque fois des références précises aux nombreux auteurs cités qui couvrent toute l'histoire de la philosophie stoïcienne, complété par une bibliographie.

5. Plus général, et déjà un peu ancien (1966), pour avoir une connaissance d'ensemble :

André Bridoux, *Le Stoïcisme et son influence*, Paris, Vrin 1966.
Sur les 230 pages du livre une quarantaine sont consacrées à l'influence du stoïcisme (Du Vair, Montaigne, Descartes, etc.). Le reste expose les grandes lignes de la philosophie, la physique, la logique, la morale, puis le Moyen Stoïcisme et le Stoïcisme impérial.

6. Pour une lecture moins analytique, avec de nombreuses références à la culture grecque du temps :

Gabriel Germain, *Epictète et la Spiritualité stoïcienne*, Paris, Editions du Seuil (Coll. Maîtres spirituels) 1964.
Avec des illustrations, des extraits de textes, des notes, une chronologie. En moins de 200 pages.

7. Pour aller plus loin :

Pour ceux, peu nombreux, qui en auraient le loisir et la volonté, la compilation systématique des bibliographies qui se trouvent, à la fin des quelques ouvrages déjà cités, permet évidemment d'aller très avant dans la connaissance des titres des ouvrages qui traitent du stoïcisme.
Pour aller plus loin, il suffit, par exemple de rapporter les ouvrages indiqués aux différents auteurs : pour Zénon (le fondateur de la doctrine) le livre d'Armand Jagu *Zénon de Cittium* (son rôle dans l'établissement de la morale stoïcienne) Paris : Vrin 1946 ; pour Cléanthe (l'auteur de l'Hymne à Zeus) A.J. Festugière *La Révélation d'Hermès Trimégiste* T. II (Le Dieu cosmique) Paris, Gabalda 1953 ; pour Chrysippe (l'inventeur de la logique), Emile Bréhier *Chrysippe et l'Ancien Stoïcisme* Paris, P.U.F réédition 1971 ; et ainsi de suite....
Car toute bibliographie ne vaut que par l'effort personnel fait pour la constituer selon des besoins chaque fois spécifiques et par l'usage ultérieur qu'on en a, autrement dit par l'irremplaçable lecture attentive de tel ou tel ouvrage cité...

8. Dans les histoires de la philosophie :

On trouvera des exposés de la philosophie stoïcienne dans les ouvrages généraux d'*Histoire de la philosophie* :
1. Emile Bréhier, *Histoire de la Philosophie*, (1. Antiquité et Moyen-Age) Paris, P.U.F, Edition de 1981 dans la Collection Quadrige.
Il y a un chapitre sur l'Ancien Stoïcisme (pp. 253 à 293), sur les courants d'idées au 1er siècle avant notre ère consacré partiellement à Panétius et à Posidonius (pp. 348 à 358), et enfin sur le Stoïcisme à l'époque impériale (pp. 370 à 380).
2. Albert Rivaud, *Histoire de la philosophie*, (Tome 1 : Des origines à la scolastique) Paris, P.U.F (Coll. Logos) 1948.
3. *Histoire de la philosophie* sous la direction de Brice Parain (Tome 1. Orient. Antiquité. Moyen-Age) Paris, Gallimard (Encyclopédie de la Pléiade) 1969.
Plus particulièrement le chapitre sur l'Ancien Stoïcisme (pp. 724 à 751) par Victor Goldschmidt : et sur la philosophie en Grèce et à Rome de 150 à 250 (pp. 773 à 869).

9. Enfin il est toujours possible de consulter à chaque fois pour tel ou tel philosophe stoïcien les notices du *Dictionnaire des philosophes* (2 volumes) publié sous la direction de Denis Huisman Paris, P.U.F 1984.
La longue notice consacrée par Jean-François Mattei à Epictète fournit à la fois une bibliographie d'Epictète et une bibliographie.

Édition : Marie-Hélène Christensen
Composition et mise en pages : ENVERGURE
Maquette : J. de Swetschin

Aubin Imprimeur
LIGUGÉ, POITIERS

Achevé d'imprimer en octobre 1990
N° d'édition 10000927-(6)-OAB-80°-ENV / N° d'impression L 35329
Dépôt légal octobre 1990
Imprimé en France